réponses aux jeunes du troisième millénaire

andré levet

réponses aux jeunes du troisième millénaire

nouvelle cité

DU MÊME AUTEUR

– *La Prison du rendez-vous,* Nouvelle Cité, Paris 1983, épuisé.
– *Ma dernière cavale avec Jésus Christ,* Nouvelle Cité, Paris 1988, 20e mille.

Composition et couverture : P. A. O. Nouvelle Cité

37, avenue de la Marne, 92120 Montrouge
ISBN 2-85313-290-0

INTRODUCTION

Jeunes du troisième millénaire, ce livre est pour vous une réponse à toutes les questions que vous m'avez posées au cours des nombreuses tournées que j'ai faites dans les écoles, les collèges et les rassemblements de jeunes.

A chaque fois que je suis venu vers vous, les questions ont fusé. Comme je ne pouvais pas répondre à toutes, vous les avez formulées par écrit. Par endroits, il y avait trois, quatre, cinq cents élèves posant chacun au moins une question. Pendant le laps de temps imparti (une heure), il est bien difficile de pouvoir répondre à tous. Alors j'ai fait cette promesse, dans chaque école où je suis passé, de répondre à toutes ces questions dans un livre qui paraîtra sous le titre de « Réponses aux jeunes du troisième millénaire ».

Pourquoi « jeunes du troisième millénaire » ? Parce que vous êtes, vous, les jeunes, ceux qui demain allez gérer le monde. Parmi vous il y aura des gens importants. Vous allez grandir, mais je dis toujours : gardez votre cœur d'enfant, c'est avec ce cœur d'enfant que l'on peut changer le monde car un cœur d'enfant est plus disponible au partage, à l'amour, à la fraternité. Il est vrai que vous trouverez plus de compréhension, d'amour et de justice auprès d'un enfant, auprès de ceux qui auront su garder ce cœur d'enfant, qu'auprès de ce que nous ont laissé les anciens en héritage.

Pourquoi laisser ce message dans les écoles et les rassemblements de jeunes ? Parce que pour moi, c'est important, c'est préventif. Il est certain que la priorité va toujours vers mes frères détenus, mais je ne dissocie pas les écoles de mes frères détenus car ils ont tous été un jour ou l'autre assis sur un banc d'école et peut-être n'ont-ils pas été formés à « la bonne école ». C'est pourquoi mon action auprès de ces jeunes est préventive.

Je ne suis pas fier de mon passé de débauche mais il est certain que vous, « jeunes du troisième millénaire », apôtres du temps présent, c'est par vous que ce monde peut changer. Vous êtes notre avenir. Donc, je vais faire de mon mieux pour répondre à toutes ces questions et toutes les réponses que je vais donner, j'essaierai de le faire dans un esprit de prière, en demandant au Seigneur de me venir en aide afin que toutes vos questions aient une réponse.

J'ai également reçu beaucoup de questions par courrier, venant d'écoles où seulement quelques questions orales avaient pu être posées et des élèves se sont groupés pour me les envoyer. Comme promis, voici vos réponses.

I. VA CHERCHER TON CAÏD

« Ce qui m'a tout d'abord étonné, c'est votre courage de raconter votre vie. En venant vous voir, j'avais déjà une petite idée de votre témoignage en lisant le bulletin d'informations de mon école "Sainte Anne". En vous voyant, il m'a été difficile de croire que vous aviez fait toutes ces choses, tant de mal, tant de délits et de peines de prison. J'avais du mal à m'imaginer avant votre venue qu'un homme tel que vous allait venir à "Sainte Anne". C'est-à-dire un ancien voyou et délinquant qui avait fait du mal aux autres. Mais aujourd'hui, j'ai compris le but de votre venue. Ce qui m'a frappé aussi, c'est votre participation à un réseau de drogue pendant vos cavales. Pourquoi ? Parce que des gens ont été entraînés ; même certains sont peut-être morts à cause de ce fléau important aujourd'hui.

« Maintenant vous avez changé, vous n'êtes plus le même homme. Si votre découverte de la foi est étonnante, difficile à croire, on remarque en vous qu'un changement a été effectué grâce d'une part à votre Bible, d'autre part à votre désir d'un peu de curiosité de lire ce livre qui est la vie de Jésus. Mais si votre découverte de la Foi du jour au lendemain est saisissante, on a la certitude, en vous voyant, qu'une force a pénétré en votre cœur et vous a donné le

désir de croire. Elle vous a en même temps libéré de tous les actes que vous aviez commis. Bien sûr, vous ne pouvez pas oublier votre ancienne vie de délinquance, mais vous avez payé et je pense que vous avez des regrets.

« A présent, vous êtes un homme comme les autres mais vous avez eu une vie difficile et différente qui vous pousse à vouloir sortir des jeunes de diverses activités en rapport avec la délinquance. Pour moi, vous avez du mérite parce que vous avez la Foi et que vous êtes sincère, sans peur ni honte de dire ce qui s'est passé en vous. Remerciez Monsieur le Curé qui vous a fait découvrir cette Foi et "Bravo" à vous qui avez tant de courage et de sincérité dans votre regard. Une question enfin, que j'aimerais vous poser. J'aimerais avoir plus de détails sur cette nuit du douze juin 1969 où vous avez découvert la Foi. »

Cette nuit du 12 juin 1969 a été pour moi la plus belle nuit de ma vie. Je me suis endormi comme un loup et je me suis réveillé comme un agneau. Il est certain qu'avant d'en arriver à la « rencontre », il m'a fallu faire une très longue marche accompagné en cela par mon bon curé, l'abbé Laïzé Paul, qui nous a quittés il y a quelques années, laissant en moi un grand vide.

J'ai été aidé aussi par l'enseignement des paroles des Évangiles. Mon bon curé, lui, n'a jamais voulu de remerciements. Mais j'ai toujours donné son adresse aux personnes désireuses de le rencontrer. A chaque fois elles lui disaient :

– Nous vous remercions d'avoir rencontré André et de l'avoir aidé à devenir ce qu'il est aujourd'hui.

Il leur répondait à chaque fois :

– Non, remerciez plutôt Dieu, car c'est à lui seul qu'appartient le mérite de ce changement. Moi, je n'ai été qu'un poteau indicateur sur un trottoir.

Effectivement, il a été ce poteau indicateur car notre première rencontre s'est passée sur un trottoir.

A l'époque je préparais un casse à Laval et j'ai été motivé par cet homme qui était de l'autre côté de la rue parce qu'il était vêtu d'une longue robe noire et que je voulais me moquer de lui. Quand j'ai traversé la rue, je l'ai interpellé en lui demandant :

– Qui es-tu, toi, dans cette robe, un homme ou une femme ?

Il m'a répondu :

– Je suis un serviteur de Dieu.

En me disant cela, il me fixa droit dans les yeux et son regard me transperça. Il ajouta :

– Je n'ai qu'un caïd, c'est Dieu.

Il avait deviné mes mauvaises intentions. Moi, qui ne connaissais rien de Dieu, je lui ai dit :

– Va chercher ton caïd. Mes amis, mes caïds à moi, sont sur le trottoir d'en face.

Il a poursuivi :

– Tu ne peux pas le voir, tu ne le connais pas.

Alors j'ai souri et je lui ai dit :

– Tu es un fou, mec !

Il m'a dit alors :

– Si un jour tu as le temps, viens me voir. J'habite au 12 bis de la rue Solferino à Laval.

Je n'ai pas noté cette adresse. Je n'avais pas l'intention

de revoir ce curé. Mais quelque temps après, de retour à Laval, j'ai repéré sur une plaque « rue Solferino ». J'ai dit à mes amis :

– C'est là qu'habite ce fameux type avec sa grande robe. J'irais bien le voir pour rire un peu.

Je leur ai demandé si cela n'était pas sans risque. Un ami un peu plus initié m'a répondu :

– Oh ! tu peux lui rendre visite. Tu ne risques rien. C'est un curé.

– Un curé, c'est quoi ?

– Un curé, je crois que c'est un peu comme un avocat.

Je me suis dit qu'avec un avocat je ne risquais rien, car un avocat, ça sert à défendre.

J'ai donc sonné à sa porte. Quand cette porte s'est ouverte, j'ai vu là devant moi ce curé. La première parole qu'il a eue :

– Tiens, je t'attendais.

Entre lui et moi naîtra une grande amitié dès cette époque. Nous ferons ensemble un long chemin, une longue route. Il deviendra un ami véritable. Mais à chacune de mes visites, je venais vers lui pour me moquer. Quand il voudra me parler de son Dieu, de son caïd, je lui répondrai à chaque fois qu'un Dieu qu'on ne voit pas on ne peut pas y croire. Alors que les banques, les caisses d'épargne, les coffres que j'attaquais, je les voyais et j'y croyais. Malgré ça, il me donnera toujours de bons conseils, que je ne suivrai pas. Il me mettait en garde pour l'avenir. Continuant toujours à me moquer de lui et de son Dieu, je lui disais :

– Regarde, mon bon curé, tu vois, j'ai attaqué une banque. J'ai ouvert un coffre. Et ton caïd de Dieu était absent.

Il répondait en me regardant droit dans les yeux :

– Un jour, André, tu payeras chèrement toutes tes fautes.

Il avait raison, mon bon curé. Cette machine bien réglée, attaques de banques, ouvertures de coffres, cette machine bien huilée va un jour s'enrayer. Je serai arrêté. Emprisonné. Mais je m'évaderai, avec la complicité d'amis à l'extérieur. Une première fois, une deuxième fois. Muni de faux papiers, j'irai rejoindre des amis en Amérique du Sud pour mettre sur pied un trafic de drogue. Revenu en France, je serai de nouveau arrêté. Je m'évaderai encore trois fois. Finalement, encore arrêté, je finirai devant les Assises, où je serai condamné à la réclusion criminelle, une peine infamante. En additionnant toutes mes condamnations, cela totalisait 120 ans de prison. La peine principale étant une peine de réclusion criminelle, les autres seront fusionnées et il me restera à faire 21 ans de prison.

Je serai transféré dans les centrales les plus dures. Je tenterai encore de m'évader de Clairvaux, en vain. On m'a vite transféré à la centrale de Château-Thierry, réservée aux fous de mon espèce qui aiment trop la liberté. Le directeur me dira même dès mon arrivée :

– Ici, tu marches ou tu crèves !

Moi, en guise de réponse, je lui avais retourné son bureau sur la tête. Je l'ai revu, ce directeur, après quelques années, lors de mon passage à la centrale pour une conférence. Je lui ai rappelé cet épisode, dont il se souvenait très bien.

Mon bon curé me suit jusqu'à cette centrale. Il m'écrit une lettre par mois. Il me soutient. Il me réconforte. Il ne m'enfonce pas son caïd de Dieu dans la tête avec un marteau. Il ne me parle pas beaucoup de Dieu. Seulement un mot ou deux dans chacune de ses lettres.

« André, pense à Dieu. »

« André, Dieu existe. »

« André, Dieu est dans ta cellule. »

Un jour, il m'écrira :

« Dieu est bon. »

Là j'ai bondi. Puisque Dieu est bon, comment se fait-il que je puisse attaquer des banques ? Comment se fait-il que des gens fassent la guerre ? Comment se fait-il que des gens meurent de faim alors que d'autres se permettent de gâcher la nourriture ? Comment se fait-il que certains aient plusieurs maisons alors que d'autres couchent sous les ponts ? Comment se fait-il qu'on laisse tuer des femmes et des enfants ?

– Mon bon curé, où est-il ton Dieu ?

Il me répondra tout bonnement sur une grande feuille blanche ces quelques mots :

– C'est toi, André, le responsable de tout cela.

Quand j'ai lu ces lignes, j'ai levé le poing contre mon curé. J'ai dit : c'est bon, j'attaque des banques, je suis responsable de tout ça ? C'est impossible !

Mais il avait raison. C'est seulement à ma grande conversion que je le comprendrai. J'étais responsable de tout cela. Mais pas seulement moi. Les hommes du monde entier. Dieu est bon. Dans son infinie bonté, il nous a donné des commandements : « Tu ne tueras pas. Tu ne voleras pas. » Et nous, nous faisons la guerre, affamons des peuples, jetons des gens à la rue. Dieu a aussi donné à l'homme la liberté de choisir. D'être bon ou mauvais. J'étais bien responsable de tout cela.

Par la suite, mon bon curé m'enverra les quatre Évangiles. Un gros bouquin relié, et il m'écrira : « Ouvre ce livre, André. » J'étais méfiant car il ajoutait : « Ouvre-le n'importe où. » Je trouvais ça bizarre. Normalement, on lit un livre de la première à la dernière page. Or, il me demandait de l'ouvrir n'importe où et je commençais à croire que mon curé était « fada ». Quand ce bouquin arriva, j'ai demandé au surveillant qui me l'avait apporté :

– Comment se fait-il que j'ai droit à ce livre ?

En effet, je n'avais droit à rien de plus qu'aux trois livres par semaine distribués par la bibliothèque de la prison. Quand on n'a rien d'autre à faire, trois livres, c'est vite lu. Le gardien me répondra :

– Ce livre, tu pourras même l'emmener dans la cellule des punis.

A l'époque, j'étais un privilégié car j'avais deux cellules. Celle des punis (le mitard) et celle où, comme je disais, je venais passer quelques jours de repos. C'était ma cellule de vacances.

Je demandais encore au surveillant :

– Mais qu'est-ce qu'il y a dans ce bouquin ?

Il me répondra :

– C'est l'histoire de Dieu, l'histoire de Jésus Christ.

A cette réponse, j'ai pris le bouquin et l'ai balancé dans un coin de la cellule en disant : « Ça y est ! Ce curé m'a balancé son Bon Dieu dans ma cellule. » Ce livre traînera là très longtemps sans que j'y touche et ce n'est que sur l'insistance de mon bon Abbé Laïzé que je consentirai à l'ouvrir enfin lorsqu'il m'écrira un jour : « André, ouvre ce livre n'importe où, tu y trouveras une mine d'or où tu pourras puiser abondamment ». Alors là, je me suis dit que ça ne me coûtait rien d'essayer et j'ouvrais ce livre au hasard. En fait de mine d'or, je n'y trouverai que des écrits et ma première lecture sera : *Les Noces de Cana*[1].

C'est un grand banquet, les noceurs font ripaille. Ils ont bien mangé mais ils ont trop bu, il n'y a plus de vin. Une dame qui se trouvait là, du nom de Marie, va se tourner vers son fils, du nom de Jésus, et lui dira :

– Tu sais, ils n'ont plus de vin.

Jésus lui répondra :

– Laisse-moi tranquille, ce n'est pas mon heure.

Mais cette maman, confiante en son enfant, se tournera vers les serviteurs et leur dira :

– Faites tout ce qu'il vous dira.

Effectivement, Jésus va faire apporter des outres de pierre, les fera emplir d'eau et porter au maître de maison. Ce dernier, goûtant de cette eau, dira :

– Mais comment se fait-il que vous portiez ce vin, et le meilleur, en dernier ?

---

[1] Généralement André Levet cite de mémoire les phrases de l'Évangile. Dans la mesure où il n'introduit rien de contraire au texte d'origine, nous n'avons pas cherché à rétablir les citations exactes (Note de l'éditeur).

Je me suis dit que ce Jésus était malin et que ce bouquin n'était pas si mal que ça. De l'eau changée en vin, c'était formidable. Alors, je me suis tourné vers mon petit robinet et j'ai dit :

– Mec, fais couler du vin !

Mais il n'y a que de l'eau qui a coulé. J'ai écrit à mon curé que son histoire était bien belle, je la lui ai expliquée et dit que j'avais demandé du vin moi aussi mais que je n'avais eu que de la flotte. Mon bon curé me répondra : « Tu lis très mal, André, ouvre encore ce livre, cherche ! »

Bien plus tard, j'ouvrirai de nouveau ce livre et lirai le passage de la Samaritaine. Encore une histoire de flotte, mais là, l'eau que boit la Samaritaine n'est pas bonne et Jésus (encore lui) va lui donner de l'eau de vie. A l'époque, je me disais : il lui donne de la gnôle. Je faisais des comparaisons : de l'eau, du vin, de l'eau de vie, de la gnôle. J'écrirai à mon curé pour lui dire que son bouquin était plein de flotte. Je le reposerai dans son coin pour encore de longues semaines sans y toucher.

Mais l'ennui aidant, je le reprendrai encore et le prochain passage que je lirai me parlera encore d'eau : « Jésus marche sur les eaux. »

Je me suis demandé en quoi cette eau allait être changée cette fois. Il n'y a pas eu de transformation, mon étonnement était que ce Jésus puisse marcher sur l'eau. Je restais incrédule et en même temps je ne pouvais absolument pas douter qu'il en soit capable. Et je remettais encore mon bouquin dans son coin.

Mon curé m'écrira toujours de l'ouvrir, de le lire encore

et, sur ses nombreuses insistances, je l'ouvrirai. Il faut tout de même que je précise que, en dix ans, je ne l'ouvrirai que neuf fois. Je découvrirai alors que ce Jésus nourrissait des foules entières avec seulement quelques pains et quelques poissons. J'écrirai à mon curé que son Jésus était vachement chouette. Qu'il était la soupe populaire. Par la suite, je lirai qu'il guérissait les malades, faisait marcher les paralytiques, rendait la vue aux aveugles. Je raconterai toutes ces prouesses à mon bon curé. Je lirai aussi « la résurrection de Lazare » et là je dirai : « Chapeau ! Ton Jésus, non seulement c'est un grand médecin, un grand chirurgien, mais en plus il ressuscite les morts. Mais moi, je n'ai jamais vu un mort revenir à la vie ! Et toi ? »

Il me répondra : « Un jour, André, si tu crois, il te sera donné de comprendre toutes ces choses que tu lis. Il te sera donné de comprendre que la mort n'est rien et qu'après la mort il y a une vie, une vie d'éternité. » En attendant, moi, ce n'était pas l'éternité qui me préoccupait. C'était la liberté. Je cherchais toujours la faille qui me permettrait de m'évader, sans la trouver. Et je continuais à tourner en rond dans ma cellule comme un lion emprisonné.

Le dernier passage que je lirai avant ma grande rencontre sera le long chapitre de la croix. On arrêtait Jésus. Je ne comprenais pas pourquoi on emprisonnait cet homme qui, pour autant que je m'en souvienne au cours de mes lectures, n'avait fait que du bien autour de lui. Il ne parlait que d'amour, de partage et de fraternité. Mais on l'enchaînait. On le frappait. On le fouettait. On lui crachait dessus et on se moquait de lui.

On le mettra en parallèle avec un grand bandit, un

assassin, et on demandera à la foule lequel des deux hommes il faudra condamner. Et cette foule hurlante réclamera la libération du bandit.

On libérera donc ce bandit pour tout le mal qu'il avait commis et on condamnera Jésus pour tout le bien qu'il avait fait.

On va lui enfoncer une couronne d'épines sur la tête, on lui fera porter la croix sur laquelle on va le crucifier entre deux larrons, deux bandits eux aussi crucifiés. L'un d'eux insultera Jésus et l'autre le défendra en disant :

– Ne crains-tu pas la colère de Dieu ? Pour nous, ce n'est que justice, mais lui, il n'a rien fait de mal !

En se tournant vers Jésus, il dira :

– Souviens-toi de moi quand tu viendras dans ton Royaume.

Jésus lui répondra :

– En vérité, je te le dis, aujourd'hui, tu seras avec moi dans le Paradis.

Après ces paroles, nous pouvons être certains d'une chose : c'est que ce larron, à l'instant même où il a demandé pardon, Jésus l'a accueilli avec lui au Paradis. C'est une certitude. Jésus nous le dit lui-même : *« En vérité, je te le dis, aujourd'hui, tu seras avec moi dans le Paradis. »* On peut également affirmer que le premier homme dont on soit sûr de la présence au Paradis n'était ni plus ni moins qu'un bandit repenti, un pécheur converti. Cette histoire triste et belle à la fois aurait dû m'ouvrir les yeux mais je n'avais encore rien compris et il me faudra encore beaucoup de temps pour comprendre. J'étais toujours aveugle.

De longs mois passèrent. Je cherchais toujours l'évasion sans y parvenir. La rage au cœur je me souviendrai de ce bouquin. Je ne l'ouvrirai pas, je ne le regarderai même pas. Seulement je crierai vers le ciel :

– Si tu existes vraiment, si tu fais toutes ces choses écrites dans ce bouquin, si c'est une vérité, alors, viens me voir, cette nuit, à deux heures du matin. On sera tranquille, personne ne nous dérangera et on pourra discuter. Si tu es si fort que ça, alors tu feras sauter les barreaux de ma cellule pour que je puisse m'évader.

Je faisais de Jésus un simple complice pour mon évasion.

Ce soir-là je vais me coucher face aux barreaux et je vais m'endormir sans me souvenir du rendez-vous donné à Jésus dans un excès de colère.

Mais, dans cette nuit du 11 au 12 juin 1969, je vais être secoué et réveillé. Je vais bondir de mon lit, cherchant l'intrus qui vient me réveiller, prêt à frapper. Mais je me trouvais seul. Ma cellule était vide. J'entendrai alors une forte voix qui résonnera dans ma tête, disant :

– Il est deux heures, André, nous avons rendez-vous !

Toujours incrédule, j'irai taper à la porte pour appeler le gardien. Je lui demanderai pourquoi il m'avait réveillé. Il viendra et me répondra qu'il n'a rien fait. Que j'avais dû faire un mauvais rêve. Je lui demanderai l'heure et il me répondra :

– Il est deux heures !

Je demanderai :

– Deux heures ?

– Oui, deux heures juste.

Il me laissera seul. Je me retournerai vers ma cellule et de nouveau cette voix résonnera à mes oreilles et dira :

– André, ne sois pas incrédule. Je suis ton Dieu. Le Dieu de tous les hommes.

Je lèverai le poing et crierai :

– Mais qui es-tu ? Pourquoi tu viens me déranger ? Je ne te vois pas. Je ne t'ai jamais vu. Laisse-moi tranquille.

Soudain, du côté des barreaux, il va y avoir une lumière intense. Une belle lumière, et je puis dire qu'il n'y avait plus de barreaux, plus de plafond, plus de murs. Dans cette lumière je verrai un homme que je ne connais pas. Il va me montrer ses mains percées, ses pieds percés et son côté percé. J'entendrai ces paroles qui ne seront plus intérieures mais qui résonneront partout :

– C'est aussi pour toi, André.

C'est seulement à cet instant que les écailles de mes yeux, lourdes de 37 années de péché, vont enfin tomber. Pour la première fois de ma vie, je vais fléchir. Je vais tomber à genoux et je vais pleurer.

Pour la première fois de ma vie, quelqu'un voulait m'aimer. De deux heures du matin à sept heures, ouverture des cellules, je vais rester à genoux. Pendant cinq heures, je vais faire toute une marche à l'envers de tout le mal que j'avais fait afin qu'il en ressorte de moi comme d'un abcès trop mûr. Ces braquages, ces vols, cette haine, ces coups donnés, tous ces fardeaux que je ne pouvais plus porter : ce Jésus, dans sa grande miséricorde, était venu dans cette cellule pour m'en libérer.

A genoux, ne pouvant plus relever la tête, car j'avais honte de regarder mon Dieu en face, je me tenais devant lui comme un petit écolier honteux qui ne savait pas sa leçon. J'ai enfin compris que, pendant 37 ans de ma vie, j'avais été les clous de ses mains, les clous de ses pieds. Que pendant 37 années j'avais, tous les jours de ma vie, pris une lance pour percer son flanc. J'ai demandé pardon en pleurant. En cette nuit, il est venu jusqu'à moi pour me rendre ma liberté. En une nuit, il a changé ma vie, grâce à son amour immense.

« Pourquoi cet homme que vous avez aperçu sur un trottoir vous a tant marqué et pourquoi avez-vous voulu le revoir ? »

Quand je serai libéré de prison après bien des années, quelques mois après, je rendrai visite à mon bon curé, le père Paul Laïzé. Je viendrai le voir bien souvent. Il sera pour moi un confident, un confesseur. A chacune de nos rencontres, nous parlions de notre complice Jésus Christ. Je me souviens que beaucoup de gens lui ont téléphoné, écrit, rendu visite, pour parler de moi. Beaucoup voulaient me rencontrer. L'abbé Laïzé leur disait :

– Vous aurez le temps de le voir après ma mort.

Il n'y a qu'une personne que je rencontrais chez l'abbé Laïzé, c'était le facteur. Nous avons souvent pris ensemble le petit repas du pauvre. Certaines personnes demandaient à mon curé :

– Quand vous avez vu André arriver devant vous sur ce trottoir, quelle a été votre première impression ?

Il répondait toujours :

– J'ai vu venir à moi un hérisson. Mais quand j'ai

posé mon doigt sur son cœur, j'ai senti qu'il y avait là-dedans quelque chose de bon.

Il disait aussi à ceux qui lui demandaient pourquoi je ne venais pas faire de conférence à Laval :

– André viendra à Laval après ma mort.

Ce bon curé est décédé. Il est reparti vers notre complice en juillet 1988. Les larmes ont coulé de mes yeux. J'avais perdu mon ami. J'avais perdu mon poteau indicateur. Mais il m'a laissé le plus bel héritage que l'on puisse recevoir sur cette terre : son amour pour moi, cet enseignement, « Aime ton prochain comme toi-même. » Il est toujours présent avec toute sa bonté. Il ne m'a pas abandonné. Il a rejoint notre complice Jésus Christ et je sais que du ciel il veille encore sur moi. Il me protège. Il sera là à la fin de mes jours pour m'accueillir et être à nouveau ce poteau indicateur, rencontré sur ce trottoir à Laval en 1959, pour entrer au ciel auprès de Jésus et de Marie, auprès de Dieu.

Il est l'homme que j'ai le plus aimé en ce monde. Ses œuvres ont été nombreuses. Il s'est occupé de personnes âgées. Il a été aumônier de la prison de Laval. Il avait un petit domicile qu'il avait transformé en centre d'accueil pour tous ceux qui n'avaient que la rue comme domicile. A l'époque où je l'ai rencontré, il s'occupait de réfugiés logés dans des baraquements en bois au champ de courses de Laval. Il a travaillé énormément avec l'abbé Pierre et les compagnons d'Emmaüs de Laval. En 1965, il était devenu responsable diocésain de la pastorale des gitans-tziganes. Il a été à l'origine de centres d'aide par le travail pour handicapés. Il fut aussi au point de départ

Le père Paul Laïzé

de la création de la maison pour personnes âgées de Port-Briet. Et mon bon curé se déplaçait simplement et uniquement à vélo.

C'est pour toutes ces raisons que j'ai voulu revoir mon bon curé. Il était l'ami, le frère. Vous trouverez quelques lettres de mon bon curé ci-après, ainsi qu'une photo qui m'a été offerte à Laval. Car il est vrai que, comme il l'avait dit, je fis une conférence à Laval après sa mort.

Dans chacun de mes déplacements, dans chacune de mes conférences, avec chaque personne que je rencontre, dans mon cœur, il est présent. Il est toujours mon poteau indicateur. Mon bon curé le père Paul Laïzé.

Deux lettres du père Paul Laïzé

Pour le 30 novembre

Bonne fête, cher André,

Comme ton Saint Patron tu répands la Bonne Nouvelle de Jésus. Il était pêcheur, toi tu étais pécheur, tous les deux vous répondez à l'appel du Maître : « Suis-moi ». La foi, l'espoir et l'amour sont tes tremplins. Il y a au monde tant de misères en tous genres parce que Jésus n'est pas reconnu, le Jésus de la Croix.

Courage et prière, cher André. Je pense tous les jours à toi et j'implore le Seigneur pour ta santé, ton inspiration, tes contacts.

Je t'embrasse en frère.

Paul Laïzé

Le 20 avril 1985

Très cher André,

Que peut-il m'arriver de meilleur que de recevoir ta lettre, les articles, si chauds, si émouvants, si évangéliques ? Je ne peux m'empêcher de penser à St Paul, transfiguré sur le chemin de Damas et devenant l'apôtre des nations. Tu es l'apôtre des pauvres, les vrais, ceux qui ignorent Jésus, les plus dénués dans les prisons. Ensemble nous partageons ce souci du Royaume de Dieu, toi par ta parole, ton exemple, ton témoignage le plus éloquent qui soit ; moi par mon souci quotidien d'accueil, d'écoute, de réconfort. Mais je ne fais qu'œuvre de représentant officiel de Jésus ; toi, tu es par ta spontanéité, ton rayonnement libre et divin, par ton illumination directe, vraiment le Christ lui-même. Je relisais ces jours les premiers chapitres des « Actes des Apôtres », relatant les merveilles du début de l'Église un peu partout. Je t'y retrouvais présent et cela me faisait chaud au cœur.

J'ai affiché ta photo du journal dans mon oratoire, où chaque matin tu es présent au sacrifice Eucharistique. Nos intentions sont communes.

Oui ; moi aussi, j'ai le désir de te revoir et d'échanger notre foi et notre idéal. Que mieux écrire que ce passage de St Paul :

« Dieu est riche en miséricorde à cause du grand amour dont il nous a aimés, nous qui étions des morts par suite de nos fautes, il nous a fait revivre avec le Christ ressuscité. »

Nous avons été choisis « pour proclamer les hauts faits de Celui qui nous a appelés des ténèbres à son admirable lumière ».

Je te retrouve bien là.

Que le Saint-Esprit fructifie en toi et en ceux que tu rencontres.

Uni à toi dans la grâce et la reconnaissance,
je t'embrasse fraternellement cher André

Paul Laïzé

II. L'HOMME EST LIBRE

C'est à moi que vous le faites

« Ce qui m'a surtout marqué, c'est le changement qui s'est opéré en vous cette nuit là. Je ne m'attendais pas à ça. Cela va peut-être vous paraître drôle, voire impossible, mais au moment où vous avez raconté le passage où vous vous êtes réveillé à deux heures du matin et que vous avez entendu cette voix dans vos oreilles, juste à ce moment là, j'ai eu un pincement au cœur. En y repensant, je me dis que je l'ai peut-être imaginé ? Je me permets de vous poser cette question : vous avez sûrement entendu parler de ces petits enfants qui disparaissent. Que pensez-vous de ces personnes qui font du mal à ces petits innocents ? »

Et le Seigneur répond : mon enfant, le monde ne peut vivre sans toi.

Rien n'est plus douloureux pour un cœur qui aime que l'absence de l'être aimé. Le Seigneur nous avertit : « Quiconque fera du mal au moindre de ces petits, c'est à moi qu'il le fera. Malheur à celui par qui le scandale arrive. Il vaudrait mieux pour lui qu'on lui attache une meule autour du cou et qu'on le jette à l'eau ».

Notre Seigneur nous enseigne toutes ces choses dans ses écrits : « C'est à moi que vous le faites. » Quand quelqu'un a faim et que nous refusons de lui venir en aide : « C'est à moi que vous le faites. » Quand le pauvre est nu, assis seul au coin de la rue et que l'on détourne le regard : « C'est à moi que vous le faites. » Un enfant est un don de Dieu. C'est un être humain créé à son image. Racheté de ses péchés comme nous tous, par son sang versé. Un enfant est sacré. Le jugement n'appartient qu'à Dieu et à Dieu seul.

Évasion pour l'éternité

« La réunion que nous avons ensemble me plaît beaucoup et je vous en remercie. J'aurais voulu savoir ce que vous avez pu ressentir au moment où vous étiez en cour d'assise et si vous n'aviez pas d'appréhension lors de vos hold-up ? »

Il est certain que lors de mes hold-up j'avais une certaine appréhension. Mais une bête blessée est toujours dangereuse. J'étais insouciant du danger qui m'entourait. Entrer dans une banque pour la dévaliser était pour moi un travail normal et logique. Je me vengeais un peu de cette société qui, lorsque j'étais enfant, m'avait jeté dans la rue. J'y étais chez moi. J'y faisais tout ce que je voulais.

Quand je suis passé en cour d'assises, je puis dire que je ne m'inquiétais pas car avant je m'étais déjà évadé deux fois et après ce nouveau jugement je comptais bien m'évader encore. Pour moi, être condamné ne signifiait pas être à jamais coupé du monde extérieur car j'avais beaucoup d'amis et j'espérais toujours m'évader. Mais en définitive, je crois que c'est Jésus qui, en venant dans cette cellule, m'aura fait faire ma plus belle cavale. Cette évasion-là, personne ne pourra jamais l'empêcher ni l'arrêter. Pas même la mort car c'est une évasion pour l'éternité.

Je me révélerai à tous les hommes

« Ce qui me frappe, je crois que c'est votre regard et ce calme qui se trouve en vous. J'ai beaucoup de mal à croire que vous avez pu être un gangster car vos yeux expriment une grande gentillesse et beaucoup de sincérité. Je n'ai pas vraiment la foi mais est-ce qu'un miracle tel que le vôtre peut m'arriver ? »

Il est certain que « le miracle d'André Levet », le bandit capable de tout qui, en une nuit, changera et au matin aimera les gens du monde entier, n'est pas ma propriété. Il est donné à chacun de nous. Le Seigneur dans ses Évangiles dit : « Je me révélerai à tous les hommes. » Il peut, à n'importe quel moment, intervenir dans nos vies. Il y a des signes évidents. Mais nous sommes parfois tellement aveugles et sourds que nous passons à côté. Tu dis : « Je n'ai pas la foi », mais tu crois qu'un miracle tel que le mien peut t'arriver. Rien que par ce fait, tu as déjà la foi en toi, même si tu ne t'en rends pas encore compte. Je crois avec certitude que Notre Seigneur t'aura répondu.

Sans Dieu l'homme n'est rien

« Ce qui me frappe chez vous, c'est d'avouer sans honte que vous avez été un voyou. De raconter toutes les bêtises que vous avez faites, comme de piller des banques ou vos évasions de prison, etc. Mais ce qui m'étonne le plus, c'est ce changement, ce miracle qui s'est produit en vous. »

Ne croyez pas que, lorsque je viens donner ce témoignage d'espérance, je n'ai pas honte de tout ce passé de débauche. Ce que je dis dans la première partie de cette conférence me fait énormément souffrir et, quand je revis cette époque, je me revois méchant tel que j'étais, faisant du mal au Seigneur. J'en suis triste et malheureux. Je me languis d'arriver au passage de « la rencontre » afin d'être libéré, comme au premier jour, du poids de mes péchés. A ce moment seulement, je me sens libre et heureux.

Vous êtes étonné de ce changement, pourtant vous ne doutez pas que j'ai pu être cet homme mauvais. Ce changement ne peut avoir été que par intervention divine, celle de Dieu. Car sans lui, l'homme n'est rien et ne peut rien faire.

Dieu a créé l'homme libre

« Désormais vous êtes un homme libre. Vous ne pensez qu'au bien. Aider les gens en difficulté qui vivent dans la misère et aussi aider vos frères détenus. C'est une chose merveilleuse. »

Chaque matin, quand je me réveille, ma première

prière est de m'adresser à Dieu en disant : « Seigneur, reconvertis-moi. » Quand nous sommes convertis, nous devenons pour nos frères une question. Pour continuer à témoigner, il me faut puiser dans la prière. Il me faut me nourrir de la parole du Seigneur afin de puiser ma force en lui, distribuer tout l'amour qu'il me donne et le faire connaître. C'est pour cette raison que je viens vers vous pour vous raconter cette vie que j'ai eue.

Également pour faire savoir que ce Jésus est accessible à tous les hommes, quelle que soit leur condition humaine, raciale ou sociale. Dieu a créé l'homme à son image et la rencontre de l'homme avec Dieu est à l'instant où l'on prend corps dans le sein de sa maman. Car c'est Dieu qui crée la vie. Il est dit dans sa parole : « Je me révélerai à tous les hommes ». Donc : chacun de nous, à un certain moment de sa vie, rencontre Dieu. Libre à nous de dire oui ou non, car Dieu a créé l'homme libre.

Le sens de ma vie

« En lisant pour la première fois votre témoignage dans le bulletin de l'Amicale des écoles, j'ai ressenti en moi quelque chose. Mais lorsque je vous ai vu et entendu le raconter vous-même, votre témoignage n'avait pas la même forme, c'était encore mieux. Ce qui m'a d'abord surpris, c'est votre rencontre avec Jésus et votre transformation. Je voyais que désormais la foi était vraiment en vous et lorsque vous racontiez j'avais l'impression que vous reviviez ces moments de votre vie. Ce qui me

frappe ensuite, c'est que vous n'avez pas cessé de tenir votre croix. »

Oui, ne mettez pas en doute ma foi. Vous avez raison de dire : « Je voyais que désormais la foi était vraiment en vous. » Effectivement, mes yeux ont vu, mes oreilles entendu. Quant à ma croix, que je tiens tout au long de mes conférences, il est vrai que je ne la lâche pas une seconde et que mes doigts se portent sur les clous et les plaies de Jésus. Car il est venu dans ma cellule me montrer ses plaies et je me suis senti responsable de ses blessures. Je l'ai vu saigner.

Je vais vous raconter ce qu'une petite fille de huit ans m'a écrit lors d'une conférence donnée dans un école du côté de Gap (car je donne aussi mon témoignage à des enfants de 4, 5, ou 10 ans). Elle m'avait donné un dessin et une lettre. Sur le dessin, elle s'était dessinée avec Monsieur le curé et certains de ses camarades de classe. Elle me demandait si je la reconnaissais et ajoutait dans sa lettre : *« Moi, je sais pourquoi tu tiens toujours ta croix pendant que tu nous racontes ton histoire et pourquoi tu l'embrasses avant de commencer à parler et quand tu finis aussi. C'est parce que tu as été très, très méchant avec Jésus. Parce que tu as fait beaucoup saigner ses plaies. Et maintenant tu les embrasses pour les empêcher de saigner encore.* » Je puis dire que, lorsque j'ai lu cette lettre que je conserve précieusement, j'ai été profondément touché.

Effectivement, ce que je ressens à chaque témoignage dans la première partie, c'est que j'enfonce encore les clous dans ses mains et ses pieds. C'est que j'enfonce encore cette lance dans son côté. Je revis cette période comme si je recommençais. Mais lorsque j'arrive au passage de « la rencontre », alors c'est ma grande espérance et ma grande joie. Jésus est le sens de ma vie. Le sens de cette vie qui m'a été donnée et je suis de nouveau libéré de mes péchés comme au premier jour.

III. UN PHÉNOMÈNE QUI S'APPELLE JÉSUS CHRIST

Tu viens nous convertir?

«André, tu viens dans les écoles. Pourquoi? Pour nous convertir?»

Non. Je ne suis pas venu vous convertir. La conversion n'appartient qu'à Dieu. L'homme, lui, n'est qu'un messager de ce qu'il a reçu de Dieu.

Le soleil nous réchauffe et nous pénètre de ses rayons. Ce témoignage réchauffera d'amour les âmes dans lesquelles il pénétrera. Ce qui vient de Dieu est réalité et vie. Je viens par ce témoignage dire ce que l'homme doit à Dieu. Le monde ne peut être conquis que par l'amour. Dans cette nuit du 12 juin 69, où je me trouvais dans cette cellule, dans ce costume de pauvreté, j'ai vécu une nuit d'Amour et de Pardon. A l'instant où ce regard d'amour s'est posé sur moi, là, dans cette cellule, j'ai été transformé en homme, moi qui n'était qu'un loup. Une vie nouvelle commençait pour moi. Jésus Christ ne m'a pas refusé sa lumière. Je lui ai offert ma pauvreté avec tout ce que cela comporte de faiblesse. Il est devenu l'unique amour de ma vie.

Ma mission de petit témoin est de l'aimer et de le faire aimer. En venant me voir, il m'avait fait renaître.

Ses plaies m'avaient tout dit. Il faut si peu de paroles au cœur pour comprendre le sens profond de la croix et la leçon d'amour qu'elle donne à l'humanité. C'est pour cette raison que je ne suis pas venu vous convertir. Non. La conversion n'appartient qu'à Dieu seul. Mais il est certain que, chaque jour de ma vie, depuis cette rencontre, je prie fortement dans mon cœur et à genoux afin que ce Dieu d'amour convertisse le monde entier. Oui, je prie pour la conversion de tous les hommes. Tant que nos cœurs n'auront pas fait amende honorable à tant d'amour, eh bien, Jésus restera cloué sur sa croix.

Dieu est amour

« Je pense que la religion c'est l'opium du peuple. »

Non, je ne pense pas que la religion soit l'opium du peuple. Car aimer Dieu, ce n'est pas être drogué ou intoxiqué. Aimer Dieu, c'est avant tout aimer son prochain. Dieu est amour. Il a appris aux hommes qu'aimer est un don de communication : le bien portant vers le malade, l'homme libre vers le prisonnier, le beau vers le laid, le riche vers le pauvre. La religion nous enseigne cette nouveauté que Dieu, par amour pour sa créature, s'est abaissé vers l'homme pour le servir. Cela inspire davantage un respect d'amour qu'une drogue appelée opium.

Dieu est plutôt ferment qui devra un jour pénétrer tous les hommes et lever pour faire grandir cet amour. Je ne sais si vous êtes chrétien mais je vous conseille vivement de fumer un peu de cet « opium » que l'on appelle christianisme. L'Évangile nous dit « Dieu est amour », il ne nous dit pas « Dieu est opium ». « Dieu est amour et celui qui demeure dans l'amour demeure en Dieu et Dieu en lui. » N'inventons pas de mots ou d'expressions pour une chose aussi simple, et pourtant si difficile à comprendre pour certains.

Parce que tu as vu...

« Vous avez eu de la chance. C'est une grande grâce pour vous d'avoir vu Jésus Christ. Vous êtes bien heureux. »

On m'avait souvent dit ce que vous venez de m'écrire et toujours je me disais : « Seigneur, que répondre ? C'est vrai, c'est une grâce. Tu es venu dans ma cellule. »

Un jour, une personne m'avait dit la même chose et voici la réponse qui m'avait été donnée par l'inspiration divine :

« Quand Jésus a été crucifié et que, à sa résurrection, il s'est montré à ses disciples, Thomas était absent. Alors, quand on a dit à Thomas, plus tard :

– Nous avons vu le Seigneur,

Thomas s'est écrié :

– C'est impossible. Si je ne vois pas, ni ne touche ses mains et ses pieds percés, si je ne mets pas ma main dans la plaie de son côté, je ne pourrai pas croire qu'il est à nouveau parmi nous.

Pourtant, Thomas était un apôtre. Il avait suivi Jésus

pendant trois années. Il l'avait vu opérer des miracles. Malgré cela, il ne pouvait pas croire à sa résurrection.

Quelques jours plus tard, les douze disciples se trouvaient assemblés dans une maison. Jésus vint parmi eux malgré les portes closes en disant ces paroles :

– Thomas, viens mettre tes mains dans les marques de mes clous. Viens mettre ta main dans la plaie de mon côté.

Thomas alors va s'écrier :

– Mon Seigneur et mon Dieu !

Jésus dira :

– Parce que tu as vu…

Ces paroles s'adressent aussi à André :

– Parce que tu as vu, André, tu as cru.

Mais la suite, la voici, et c'est la réponse à cette question. Jésus ajoutera :

– Heureux ceux qui croiront sans avoir vu.

Donc, le bienheureux, ce n'est pas André, c'est toi, c'est vous tous qui croyez sans avoir vu. »

J'ajouterai que Jésus, à nous chrétiens, nous a donné de le voir comme je l'ai vu dans cette cellule par le biais de l'Eucharistie. Aller à l'Eucharistie, c'est aller voir Jésus vivant. Chacun est tabernacle et reçoit l'amour de Dieu vivant. En retour, Jésus nous dit qu'il sera en tout temps et en tout lieu avec nous. C'est une grâce que de le recevoir par le sacrement de l'Eucharistie. Vivant dans nos cœurs. Lorsque nous prenons le corps et le sang du Christ, nous devenons unité. Unité chrétienne. Unis les uns aux autres et à Jésus Christ. Quelle joie, quelle espérance, d'avoir l'Eucharistie ! Car c'est voir Jésus vivant. C'est le trait d'union entre le ciel et la terre. Le trait d'union entre le ciel et la terre. Le trait d'union entre Jésus Christ, Dieu et les hommes.

Illusion ou réalité?

« Cette rencontre avec le Christ n'est-elle pas une imagination? Une illusion? Un rêve?»

Le Seigneur est venu me libérer. Moi qui était doublement prisonnier, de mes péchés et de ma cellule.

Je ne crois pas que cette rencontre fut une illusion. De toute façon, Jésus ne permettrait pas l'illusion. L'illusion se glisse surtout dans le cœur de ceux qui refusent de croire en la résurrection du Christ. Il nous faut croire en sa parole.

J'ai été transformé par cette rencontre. Le Seigneur savait ce que j'étais car il connaît tout de nous. Un rêve? Eh bien, si c'était un rêve, quel merveilleux rêve! Car je me suis endormi comme un homme mauvais et je me réveillerai comme un homme gentil, capable de dire au surveillant qui ouvrira la porte de ma cellule au matin que désormais:

– Je vous aime tous. Je ne vous cracherai plus dessus, car sinon c'est sur Jésus Christ que je cracherai. Je ne vous frapperai plus car si je vous frappe, je frapperai Jésus Christ. Et je ne volerai plus mes frères les hommes car si je vole, c'est Jésus Christ que je dépouillerai.

Si vous pensez encore que cette rencontre est un rêve, alors ce soir même je vais demander à tous ceux qui lisent ces lignes de faire cette prière:

– Seigneur, fais que les hommes du monde entier fassent le rêve qu'André a fait.

Si, au matin, chacun de nous pouvait dire à son voisin ce que j'ai dit au surveillant: « Je vous aime tous », si les hommes du monde entier, races et religions confondues, pouvaient tous dire la même chose à leur voisin: « Désormais je t'aime », alors il n'y aurait plus de guerre, plus de haine, plus de tristesse. Satan lui-même serait au chômage. Et Dieu, dans toute sa puissance, pourrait reprendre possession de sa terre et en faire le Paradis. Vous voyez quel beau rêve. Je prie pour que tous le fassent afin que le monde change. Ne mettez pas en doute ma rencontre avec Jésus. Voyez le résultat. Ne soyez pas incrédule, ce serait douter de l'existence de Dieu lui-même que de mettre en doute ses miracles.

Jésus Christ est capable de venir libérer un homme dans sa cellule. Jésus est capable de recueillir l'âme d'un agonisant.

Il est vrai que lorsque l'on a fait une rencontre comme je l'ai fait, quand nous sommes convertis, nous devenons une question pour nos frères et nous nous devons de répondre au mieux. Et la meilleure réponse que nous pouvons donner, c'est la réalité de ce qui s'est passé pour chaque converti qui témoigne de ce qu'il a reçu. Pour un converti, ce n'est pas rose tous les jours. Chaque matin, il me faudra à nouveau me convertir pour continuer à témoigner. Il me faudra puiser dans la prière et me nourrir de la parole du Seigneur pour avoir la force de distribuer tout l'amour qu'il m'a donné.

Ce témoignage est autant pour un converti, pour un

baptisé, un croyant ou un non croyant. Je me dois de le faire connaître mais il vous appartient en toute liberté. De cette liberté que Dieu nous a donnée, de croire ou de ne pas croire en sa réalité ou de penser que ce n'est qu'une illusion ou que ce n'est qu'un rêve. Pour moi, ce n'est ni une illusion, ni un rêve, mais une réalité. J'étais un aveugle errant dans les rues de mon péché. Il a fallu la patience de ce Dieu Amour qui avait mis sur ma route en 1959 un poteau indicateur en la personne de mon bon curé l'abbé Laïzé. Je remercie le Seigneur pour cette soutane qui m'a motivé. Merci Seigneur de m'avoir fait traverser cette rue.

Tous les jours de ma vie désormais et tant que la vie me sera donnée en ce monde, je demande pardon à Dieu. Pardon de l'avoir tenté au-delà de ce qui est permis à l'homme. Il y a une chose que je regrette : quand j'ai rencontré mon bon curé, il avait cette soutane et c'est ce qui a motivé ce désir d'aller l'insulter, l'agresser verbalement. Ce que je vais dire m'est personnel et n'engage que moi. Car il est vrai qu'il y a cette liberté de choix, des idées, liberté d'expression et des uniformes. Mais il est vrai également que si j'étais toujours cet homme dans le péché, s'il y avait l'abbé Laïzé en face sur ce trottoir, sans soutane, avec seulement une petite croix à la boutonnière de son costume civil, je ne le remarquerais pas. Je n'aurais jamais traversé cette rue et je ne l'aurais jamais rencontré. Je serais resté cet homme méchant. Avec lui, nous avons fait une longue route et je lui dois ma rencontre avec le Seigneur. Il m'a enseigné, guidé et aimé. Je peux dire que ce bon curé, sur ce trottoir en face de moi, n'a été ni un rêve ni une illusion, et j'en remercie encore et toujours Notre Seigneur.

L'alcoolisme

« Nous sommes quelques-uns qui faisons partie du mouvement "Vie Libre" qui lutte contre l'alcoolisme. C'est très dur. Sachez que cette drogue aussi conduit souvent en prison. Dans quelle mesure pourriez-vous nous en parler ? Chez nous, beaucoup de familles souffrent de ce fléau. »

Comment rester insensible devant ce fléau de l'alcool ? Oui, l'alcool mène en prison. L'alcool aussi désunit des foyers, des familles. Ce sont souvent les enfants qui en portent les conséquences comme un fardeau. Ce fléau entraîne des séparations, des désaccords, des divorces. Cela entraîne aussi à ruiner sa santé, sa vie. Je vais vous donner l'exemple d'un homme honnête, travailleur, qui n'avait jamais été en prison de sa vie, qui avait une famille unie et qui était chrétien.

Cet homme n'était pas un buveur mais un jour après un repas de fête où il avait trop bu, il a raccompagné des amis chez eux et sur la route, à la nuit tombante, il a fauché avec sa voiture un groupe de personnes et en a tué plusieurs. Cet homme a été emprisonné. Il a tout perdu. Le Seigneur nous demande de ne pas le montrer du doigt mais plutôt de lui venir en aide afin que ces choses horribles n'arrivent plus. C'est un mauvais exemple que les grands donnent aux plus jeunes, aux enfants. Au même titre que la drogue, je dis que l'alcool est capable d'anéantir des êtres. Sous son influence, l'esprit n'est plus clair. On ne réfléchit pas de la même manière, et ce, quelle que soit la drogue prise. Il y a ces délits qui mènent en prison, tels que la violence, la conduite en état d'ivresse, quand cet état ne mène pas aussi à tuer par accident ou non.

Je suis heureux de cette question. De savoir que des enfants, des écoliers, prennent conscience de ce fléau et luttent ensemble pour une vie meilleure. Cette action est très importante. Ces enfants, vous qui me lisez avec une responsabilité que vous prenez très au sérieux, vous, « Jeunes du troisième millénaire », vous contribuez dès à présent à rendre votre monde de demain meilleur. Il est sûr que votre action est difficile mais vous avez une force, celle du Seigneur. Dans la prière, on peut demander d'être aidé, soutenu, car on ne peut rien faire seul. Moi-même, lorsque je lutte contre la drogue, il me faut beaucoup prier, et puiser dans cette force que me donne le Seigneur. Il est sûr aussi que nous ne sommes pas bien reçus partout et qu'à certains endroits nous prenons des « coups de pied aux fesses ». Mais il faut en remercier le Seigneur et cela fait partie du voyage. Le Seigneur nous l'a dit : « On vous montrera du doigt, on dira de fausses choses de vous. »

Quand on défend une bonne cause, on devient gênant. Vous avez reçu une mission et cela n'est jamais facile. Lutter contre l'alcoolisme, la drogue, la prostitution, la délinquance, n'est jamais facile. C'est pour cela qu'il faut nous en remettre à Dieu, lui demander cette force chaque jour.

Je vous cite l'exemple de Marion Cahour[2]. Elle aussi, c'est une grande partisane de la lutte contre l'alcoolisme et je l'admire en tout ce qu'elle fait. Sachez que, pour elle aussi, ce n'est pas évident tous les jours. J'ai participé avec elle à plusieurs conférences. Croyez-moi, il faut l'entendre parler et savoir ce qu'elle fait. Elle vous dira également que cette lutte est très difficile.

Lorsque l'on veut travailler pour le bien, pour le Seigneur et avec son aide, il nous faut faire ce qu'il nous a dit : « On te frappera sur la joue droite, alors il faudra tendre la joue gauche. » Mais dites-vous bien que tout ce que vous ferez pour rendre ce monde meilleur, le Seigneur vous en remerciera. Car l'alcoolisme, c'est encore mettre Jésus sur la croix. Beaucoup trop de familles souffrent de ce fléau.

Mais vous, enfants, qui luttez contre, quel exemple vous donnez aux « grands » ! Continuez ! Même si c'est dur. Ne pensez pas que vos efforts ne servent à rien, c'est faux. Sachez que, plus tard, cet homme, cette femme, à qui vous aurez tendu la main, prendra conscience un jour ou l'autre des paroles et de l'aide que vous lui aurez données. Vous ne serez pas là pour voir le résultat de votre labeur, car chacun suit sa route. Le Seigneur, à chacun de nous, demande que nous le servions sans poser de questions, sans nous retourner en arrière, sans attendre de résultats. A Dieu seul appartient le résultat. Mais soyez sûrs que la graine

---

[2] Voir *Un brin de causette,* par Marion Cahour, Nouvelle Cité, Paris 1981.

que vous aurez semée germera. Cet homme, cette femme, prendra conscience du travail que vous aurez fait. Ils deviendront à leur tour de fervents lutteurs conte l'alcoolisme. Continuez à jeter la semence sans attendre la récolte, car l'homme est semeur et Dieu moissonneur.

L'heure du rendez-vous

« Tout d'abord, je tiens à vous remercier de votre passage dans mon école, qui a été très intéressant. Au cours de votre témoignage, il m'a semblé que je suivais un film policier dont on voudrait savoir à tout prix la fin. En ce qui concerne la foi, moi, je ne l'ai pas. Mais je respecte les idées d'autrui. Vers la fin de votre témoignage, vous avez décrit avec précision la découverte de votre foi. Je vais être franche avec vous : je ne crois pas en ce genre de phénomène mais je ne doute absolument pas de votre parole. Je penserais plutôt à une imagination que vous auriez eue, qui était due à votre emprisonnement continuel. »

Certes, la foi est un don de Dieu et c'est pourquoi je vous invite à la demander avec insistance. Elle est aussi, ne l'oublions pas, une vertu. C'est pourquoi il ne faut perdre aucune occasion de l'exercer. La foi fait grandir en nous l'espérance et la charité.

Moi-même je respecte les idées d'autrui. J'ajouterai que je respecte également toutes les religions, car il n'y a qu'un seul Dieu. A chacun de nous de l'aimer comme il le demande. Chacun peut, en toute liberté, aimer Dieu. Dans un passage de l'Évangile, le Seigneur nous donne un exemple : il marchait avec ses disciples, ses apôtres, et l'un d'eux dira : « Seigneur, il y a des gens plus loin qui parlent de Dieu mais qui ne nous suivent pas. » Et Jésus répondra : « Qui est pour moi n'est pas contre moi. » Il est certain que lorsque j'ai rencontré ce bon curé je ne lui ai pas demandé de quelle religion il était. Par la suite, dans cette cellule, lorsque je serai saisi, je ne dirai pas à Jésus : « Faut-il que je sois catholique ? Protestant ? » Non, la seule chose qui m'importait, c'était avant tout la présence de Jésus. Par la suite, je voudrai ressembler au plus près à mon bon curé, et je suis donc catholique. Mais si j'avais rencontré un protestant peut-être qu'aujourd'hui je serais protestant. Mais l'amour que j'ai pour Dieu, pour Jésus Christ, ne changerait en rien. Donc, j'ai le respect de toute religion.

Quant à la question qui m'est posée concernant la foi, vous dites : « Moi je ne l'ai pas. » Je répondrai ceci : Jésus Christ vous attend, il est là. Il vous appelle, désireux de vous écouter, désireux de vous parler, de vous enrichir de cette foi. Alors vous prendrez conscience de ce qu'est la foi. J'ai moi-même donné un rendez-vous à Jésus dans cette cellule. J'ai exigé : deux heures du matin. Eh bien, pour vous aussi, l'heure du rendez-vous avec le Seigneur a sonné. Demandez-lui la foi avec insistance et alors, avec certitude vous pouvez me croire, il ne manquera pas cette divine audience. Rien de ce que vous faites, de ce qui vous intéresse, ne lui est indifférent. Il sait tout ce qu'il y a en nous. Comme vos désirs, vos efforts, comme nos fautes, et c'est pour cette raison que je vous demande avec insistance de chercher votre foi, de trouver ou de retrouver la foi de votre enfance.

Quant à cette deuxième question : « Je ne crois pas en ce genre de phénomène », pourtant, ce « phénomène », cette rencontre avec Jésus, m'a apporté la foi. La force de faire tout ce que je fais. Sans Jésus, sans la foi, eh bien, je ne serais rien. Et cette rencontre n'a pas été le fruit de mon imagination. J'ai déjà répondu à cette question précédemment, et j'ajouterai : l'imagination ne peut pas changer un homme en une nuit. Ce qui m'est arrivé n'était pas une imagination. Je me trouvais bien en prison, condamné pour de longues années avec certitude, c'était bien réel, n'importe qui peut le lire dans mon dossier pénal. Parce que c'est écrit, vous le croyez et vous pensez par contre que ma rencontre avec Jésus est un phénomène de l'imagination. Mais à l'heure actuelle je suis bien un autre homme, et ce phénomène porte un nom : il s'appelle Jésus Christ. Car lui seul peut venir chercher ce qui est perdu.

Mais cette guérison (oui, c'est une grande guérison) ne l'a pas été seulement pour André. Désormais, je me dois de dire ce que j'ai reçu, je me dois de le témoigner, car elle ne m'appartient pas. Le Seigneur m'a guéri afin que j'aille vers les plus démunis, les plus pauvres. Afin que cette guérison puisse les contaminer. Je dis toujours : « les plus pauvres, les plus démunis », mais j'ajoute que j'aime aussi le riche, car il est dans le plan de Dieu. Il y a de bons riches et de mauvais riches comme il y a de bons pauvres et de mauvais pauvres. J'aime autant un riche qu'un pauvre, sans différence, sans distinction, pour la raison suivante : Dieu nous a donné un commandement, « Aimez-vous les uns les autres comme je vous ai aimés ». Il n'a pas demandé de laisser l'un ou l'autre de côté.

IV. MA PLUS BELLE ÉVASION

Un Dieu qui comprend

« Peut-on croire que le Seigneur est présent à tout moment ? Au temps de l'effort, de la peine, de la joie, est-il réellement présent ? »

Oui, on peut croire avec certitude que le Seigneur est avec nous à tout moment. Il est présent à l'heure de la lutte et de l'effort. La vie en ce monde est un dur combat. Il nous faut être sur nos gardes. Rester éveillés. Ce Jésus Christ, ce Seigneur de bonté, est là pour être notre courage. Présent dans nos faiblesses. Il s'y entend comme personne pour guérir nos blessures. Il est surtout présent à l'heure des grandes souffrances. Il faut l'accepter comme une rançon du bien qu'il nous fait. Et quand il permet que nous soyons perturbés, attaqués de toutes parts en paroles, en actes, il faut penser qu'il est là tout près de nous et qu'il porte avec nous toutes nos souffrances. Il est aussi présent à l'heure de la joie pour nous donner sa plénitude. Il est vrai que sur terre elle est rarement sans mélange, mais elle annonce cela : que le Seigneur nous réserve sans ombre pour l'éternité. Qui, mieux que lui, peut tout connaître ? Puisqu'il nous a créés.

C'est un Dieu qui comprend ; aux heures difficiles, il

est là pour nous fortifier. Aux heures sombres, pour nous éclairer. Aux heures lumineuses, pour nous réjouir. Il est aussi présent avec nous à l'heure des prières pour entendre nos appels, nos demandes, et nous donner la réponse de son cœur. Il est avec nous à l'heure du travail pour nous conseiller et réaliser avec nous la tâche qu'il nous donne à faire. Il sait en toute chose ce qui convient à nos vies, à nos actions, afin de les rendre fécondes pour la gloire de Dieu le Père.

Le baptême

« Une de mes amies n'est pas baptisée. Comment lui faire comprendre que sans le baptême sa vie est différente ? »

Vous avez raison, une vie sans le baptême est une vie différente. Le baptisé devient une question pour celui qui n'est pas baptisé. On se doit d'être la bonne réponse. Quand on est baptisé, il se fait en nous une absorption des rayons divins dont ceux qui nous approchent subissent à leur insu le reflet.

Le Seigneur nous demande de témoigner. Nous sommes les missionnaires de l'Église par le baptême. Nous avons reçu une identité chrétienne, elle doit devenir contagion pour notre voisin. Afin que lui aussi puisse à son tour contaminer son voisin. Cette contagion devra atteindre tous les hommes, car le Seigneur nous dit dans sa parole : « Je me révélerai à tous les hommes. » A nous de préparer ce chemin. Alors, le paradis deviendra accessible à tous, pour un amour d'éternité.

Je vais vous raconter cette petite histoire qui nous enseigne le chemin à prendre pour aider son prochain à trouver Jésus Christ et ensuite à demander le baptême par amour pour Jésus Christ. J'ai été à Pontmain, lieu saint de l'apparition de notre sainte vierge Marie, pour donner une conférence. Quand je suis arrivé, il m'a été dit que ma conférence aurait lieu dans une petite salle de deux ou trois cents places car on n'attendait pas grand monde. Effectivement, le même jour, il y avait un concert de rock dans la ville. Mais la sainte vierge en avait décidé autrement. A 20h30, la petite salle était archi-pleine et de nombreuses personnes étaient dans la rue. Alors, changement de décor. Direction la cathédrale. Et cette cathédrale se retrouva pleine de fidèles.

A la fin de ce témoignage d'espérance, alors que nous allions tous nous séparer, un jeune homme est entré, bouteille de bière à la main, en demandant si c'était ici la salle du concert de rock. Des jeunes lui ont dit oui et lui ont parlé du témoignage qu'ils venaient d'entendre. Et du passage où je dis qu'il faut parler du baptême que nous avons reçu, que lorsque nous avons reçu cette identité chrétienne on se doit d'en parler. Ils lui ont donné un petit évangile et ils m'ont demandé de lui parler. Là, sur le parvis de la cathédrale, (il était très tard et le prêtre avait déjà fermé les portes) j'ai repris pour ce jeune homme l'essentiel de mon témoignage, entouré des autres jeunes restés avec moi.

A la fin, le jeune homme a dit :

– Je veux être baptisé.

J'ai répondu :

– Mais pour quelle raison désires-tu être baptisé ?

Sa réponse a été tranchante :

– Pour que ma mère et mon père soient baptisés à leur tour.

Il avait tout compris et nous ne pouvons que remercier le Seigneur pour une si grande foi. Le remercier pour avoir été semeur et pour sa récolte. Merci Seigneur de notre baptême qui nous donne d'être ton témoin. On se doit de parler de notre baptême. On se doit de parler de ce qu'il nous apporte. On ne peut pas garder pour soi seul ce que l'on a reçu. Il nous faut le partager. Il faut le distribuer autour de nous comme un semeur sème le blé afin que cette semence puisse germer, afin que Dieu puisse venir récolter les fruits de notre labeur, car à lui seul appartient la récolte. Faisons en sorte que la récolte soit abondante.

La croix

« Que représentent pour vous le calvaire et la croix ? »

Pour moi, le calvaire est un endroit que l'on doit regarder avec tout l'amour que Dieu a mis dans notre cœur. Ce calvaire n'est pas une beauté extérieure, Dieu y recrée toute l'humanité.

La croix, le chemin, la seule voie, lumière qui éclaire les hommes. L'annonce du salut pour l'homme. Calvaire qui représente l'espérance d'une vie nouvelle. Calvaire pour que l'homme n'oublie pas que Dieu nous a donné son Fils pour nous sauver et faire de notre monde un monde uni dans l'amour de Dieu pour nous ses enfants.

Dans l'attente du moment où ce Dieu d'amour pourra reprendre possession de sa terre, soyons unis à lui pour le servir. Que notre prière demeure humble. Ne penser qu'à son règne à lui. Le Seigneur nous demande une union d'amitié en respectant notre prochain même si on reçoit des coups qui font mal. En toute confiance, la croix nous enseigne que rien ne sera facile. Regardons-la. Regardons celui qui s'est mis à la tête de tous les porte-croix.

Le Seigneur Jésus Christ nous a donné la plus belle des prières : le *Notre Père*... Il nous offre l'unité entre nous mais aussi l'unité avec son Père par son intermédiaire à lui. Pour aller vers lui, il nous faut être humbles. Ne pas craindre de le laisser agir en nous. Jésus Christ nous a offert l'Eucharistie. Hostie éternelle de l'autel de la croix.

Oui, Jésus Christ crucifié pour nous, pour moi, pour toi. Tu pourras l'entendre dire, comme moi dans la cellule, en te montrant ses plaies :

– C'est aussi pour toi.

Le monde est divisé, entre chrétiens, musulmans ou d'autres religions, en races différentes, couleurs de peau différentes, langages différents, mais la parole est là. Dans cette cellule, il me sera bien dit : « Je suis ton Dieu, le Dieu de tous les hommes. » Nous avons tous été créés de la même poussière à l'image de Dieu. Nous sommes tous frères qui croient en Dieu. Le même Dieu. Jésus Christ cloué sur cette croix résume tous les autres sacrifices et en définitive les complète. Oui. Jésus Christ crucifié et ressuscité. Mes yeux ont vu, mes oreilles entendu. Il est bien vivant. Il faut le crier au monde entier, n'en doutons pas. Un jour, il reviendra et vous le verrez vous-mêmes comme je l'ai vu. Puits d'amour où chacun pourra puiser pour une éternité, car Jésus Christ est éternel. N'est-il pas le maître du temps et de l'éternité ? N'est-il pas celui qui nous a tout donné ?

La croix fait mal, elle fait toujours mal, mais si nous le voulons, elle devient plus légère. Embrassons toutes nos croix. Regardons-les de cet amour que Dieu nous a donné en nous offrant son Fils pour le rachat de nos fautes. Afin de pouvoir donner à notre tour cet amour autour de nous. Le Seigneur nous attend amoureusement. Il nous demande par la croix beaucoup d'amour. Être forts dans sa paix. Avoir confiance en Jésus Christ ressuscité. Oui, embrasse ta croix de chaque jour, telle qu'elle se présente. Ne pense pas pouvoir aimer si tu ne te trouves pas dans cette disposition que Dieu nous a enseignée par le don de son Fils.

Un chant d'amour

« Ne craignez-vous pas que tout ce que vous avez fait ne vous soit jamais pardonné ? »

L'homme est libre, libre de pardonner ou de ne pas pardonner. Dieu nous a créés libres et nous a donné des commandements mais celui qui ne peut pas pardonner ne pourra jamais dire Notre Père car il y est dit :

« Pardonnez-nous nos offenses, comme nous pardonnons à ceux qui nous ont offensés ».

L'amour sincère et pur est fait de prières, de plénitude, de pénitences, aussi de l'oubli de soi. On s'abreuve ainsi à la source de la vie éternelle dans la sainte possession de son Dieu. Oui, avec Jésus sur la croix, je vis, je souffre et je pleure. Ayez pitié de moi, pauvre pécheur. Oui, je suis tellement insignifiant que je ne mérite même pas un regard. Je ne suis rien qu'un minuscule témoin qui vit intensément son message d'amour. Je reste fidèle à la grâce et attentif à sa parole.

Écoutons le chant de son amour pour les hommes du monde. On l'entend dans son cœur d'enfant. Douce rencontre du pécheur avec son Dieu bien-aimé. L'étincelle qui en jaillit m'embrase d'un amour infini. Amour, qui tour à tour se donne, se reprend pour mieux se donner, encore. Amour de ce Dieu qui est pardon, qui répand sur nous ce pardon comme une rosée bienfaisante afin que ceux qui s'en approchent en soient remplis comme d'une ardeur de foi et puissent donner ce pardon afin de pouvoir réciter en toute paix cette belle prière que Jésus Christ nous a enseignée : le *Notre Père.*

Libre entre quatre murs

« Pourquoi avez-vous intitulé votre livre précédent Ma dernière cavale avec Jésus Christ[3] ? »

Pourquoi avoir intitulé mon livre *« Ma dernière cavale*

[3] Nouvelle Cité, Paris 1988.

avec Jésus Christ»? Je vous en donne les raisons: depuis mon arrestation, entre les quatre murs de ma cellule, pendant de longues années je n'ai cherché qu'une seule chose: «l'évasion.» Et puis, il y a eu cette nuit du 12 juin 1969. En un instant j'ai compris que j'étais pécheur. Qu'il était sauveur. J'ai pleuré à genoux. L'abcès était enfin crevé. Je venais bien de m'évader. Cette évasion m'a donné la possibilité d'être libre. Libre entre quatre murs. Et je peux ajouter que c'est bel et bien ma plus belle évasion. Ma plus belle cavale jamais réussie. Libre, enfin libre. Totalement libre. Libre de la liberté de Dieu. Libre de croire entre les quatre murs d'une prison.

Quand, dans cette cellule, l'homme tourne en rond dans un espace à demi vital, quand il ne reste plus que des barreaux à la lucarne, quand la porte est munie d'une double sécurité, il y a encore pour un prisonnier la liberté de Dieu. La croyance en Dieu, cette liberté de pouvoir regarder son prochain avec amour. Oui, la voilà, ma grande cavale avec Jésus Christ. Ce Dieu qui est venu me chercher dans cette cellule. Dans ce costume de pauvreté. Pour le pardon. Pour la paix. Pour semer la vie.

Il ne me quitte jamais

«Avez-vous envie de recommencer à faire le mal afin de rencontrer à nouveau Jésus Christ?»

Non, je n'ai nullement envie de recommencer ma vie de gangster. Je suis trop heureux. Trop libre avec mon Seigneur et mon Dieu. Mais il est vrai que chaque fois et chaque jour il me faut redonner ce témoignage et à nouveau pendant toute cette première partie de ma vie, toute cette débauche, cette haine, cette misère, je la revis et j'ai mal, très, très mal, car tout ce passé ne m'appartient plus. Ma vie a changé. Je suis devenu, avec Jésus Christ, un autre. Une nouvelle naissance, une nouvelle créature, mais il me faut le dire.

Quelle espérance, quelle délivrance, lorsque j'en arrive à ma rencontre avec Jésus ! C'est un chemin épineux qui blesse, qui déchire, qui fait mal, qui fait gémir les lèvres, qui fait saigner le cœur. Mais quelle récompense lorsque j'arrive à mon Jésus ! Il est là. Il est présent dans les murs de cette cellule. Il est là. Il est présent dans la vie de chaque jour. Il est là. Il est présent pour vous aussi à chaque instant, car Dieu est amour. Il est disponible. Il ne me quitte jamais. Il ne vous quitte jamais. Il m'est devenu aussi nécessaire que l'air que je respire. Ma seule raison de vivre. Et dans chacune de mes prières je lui dis : « Oh ! Seigneur Jésus, aie pitié de moi pauvre pécheur. »

La porte grande ouverte

« Pensez-vous avoir mérité la grâce que Dieu vous a accordée ? »

Je ne sais pas si j'ai mérité la grâce de Dieu. Mais lui a pensé que je l'avais méritée en m'envoyant son Fils Jésus Christ dans ma cellule. N'a-t-il pas versé son sang pour tous ? L'acte de repentir est la porte grande ouverte où Dieu peut se précipiter dans l'âme du pécheur blessé. Et ce jour là, j'ai mis en Dieu toute mon espérance, et en toute humilité je dis : « Merci, Seigneur, d'être venu me visiter. Merci, Seigneur, d'avoir eu pitié du pécheur que je suis. » En ce jour du 12 juin 1969, j'ai reçu la grande lumière sur le peu de chose que j'étais.

La croix de Jésus Christ, le Christ ressuscité, est l'unique source de vie. C'est d'elle que découle toute grâce. Et à chacun de nous il dit : « Ma grâce te suffit. »

V. FRUIT DE LA SOUFFRANCE : L'AMOUR

Délinquant

« Quel a été votre premier délit ? »

J'avais sept ans lorsque la vie m'a fait cadeau d'une belle guerre, celle de 1939-1945. Mon père, militaire, s'est battu pour libérer un pays appelé France. Ensuite il s'est battu dans la résistance, puis arrêté, il fut interné dans un camp de concentration tel Auschwitz. Ma mère était recherchée ainsi que nous-mêmes, moi et ma sœur. Elle a pris peur et nous a abandonnés. Ma sœur a été placée dans une ferme du côté de Saint-Martin. Elle avait trois ans. Moi, je fus placé par la Croix Rouge dans une ferme des Pyrénées. Ma vie de petit homme va commencer.

J'ai travaillé comme un grand. J'y ai reçu plus de coups de pied au cul que de caresses. J'ai appris ce travail d'homme avec des pleurs. Bien souvent, derrière un hangar, je regarderai les montagnes, espérant que mon père vienne me chercher. J'avais perdu mon père, ma mère. Je me retrouvais seul. Cette guerre a tout détruit. Mon foyer protégé dans lequel je vivais. Ce foyer, cette famille unie a éclaté comme un obus. Éparpillant ses éclats sans pouvoir les ressouder.

La guerre terminée, on me rendra à ma famille, mais le mal était fait. J'ai la haine au cœur. Je suis devenu une bête blessée, marquée. Je me retourne alors contre mon chasseur, qui n'est autre pour moi que la société. Désormais, une vie de petit gangster commence pour moi, incapable de retrouver un équilibre normal au sein de ma famille, trop marqué par cette rude épreuve que fut cette séparation d'avec les miens.

On ne naît pas délinquant, mais ce sont des circonstances qui font d'un enfant né raisonnable un petit délinquant. Il est vrai que tous les enfants de mon époque, tous ceux qui ont souffert même à l'heure actuelle ne deviennent pas délinquants. Car il faudrait alors agrandir les murs de nos prisons et ce n'est pas le cas. Non, ce sont toujours les plus faibles malgré leur apparence de petits durs. Ce sont ceux-là qui le deviennent.

En 1945, j'ai été rendu par la Croix Rouge à ma famille, mais le mal est fait, je veux me venger. Alors va commencer une série de fugues. J'irai du côté de Marseille, et là, sur les quais de la Joliette, je vais décharger des camions pour gagner un peu d'argent. Mon logement sera les ruines de l'époque, je couchais sur un tas de paille. La police va s'inquiéter de voir un enfant de mon âge traîner là tout seul et va m'arrêter. Non pas que j'ai commis un délit mais pour me rendre à ma famille.

Dans cette attente, le seul endroit qui a pu m'accueillir a été la prison des Baumettes, le centre de détention des mineurs, où je vais rester plusieurs jours. Je puis dire que j'y ai été à bonne école, à l'apprentissage, pour apprendre comment commettre des méfaits. J'ai été formé au culte du petit chef et quand je serai rendu à ma famille, je vais encore fuguer, mais non plus pour aller travailler sur les quais de la Joliette, mais pour commettre des méfaits.

C'est alors que va commencer une série de vols. A l'âge de 15 ans, en 1947, je serai arrêté pour une première attaque à main armée. Je comparaîtrai devant un tribunal pour enfants qui me condamnera jusqu'à ma majorité (soit 21 ans à l'époque), au bagne pour enfants à Belle-Île-en-Mer.

Dans ce bagne pour enfants, on me donnait une possibilité à l'âge de 18 ans de pouvoir s'engager dans l'armée. A l'époque il y avait deux guerres, celle d'Indochine et celle de Corée. J'ai profité de cette occasion. Je dis tout de suite, en premier, je ne me suis pas engagé pour défendre un pays envahi par le communisme mais avant tout, je me suis engagé pour ma propre liberté. Il est vrai que par la suite je me battrai dans ce pays pour sa liberté. Et j'y serai grièvement blessé, à Dien Bien Phu, au poste « Isabelle ».

Je serai rapatrié en France, où je traînerai pendant de longues années dans les hôpitaux, et l'armée, qui n'a plus besoin de handicapés (car il faut des hommes valides pour faire la guerre), va me renvoyer dans mes foyers avec une pension dérisoire pour l'époque. Et moi, mon foyer, eh bien, c'est la rue. Je me suis retrouvé dans « ma rue ». Là, fort des connaissances que j'avais apprises étant enfant, fort de celles que j'ai apprises dans l'armée, attaques et autres, je les mettrai à profit personnel. Alors commencera une vie de grande délinquance, une vie de grand gangster.

L'adoration

« Qu'est-ce que l'adoration ? Pourquoi et comment ? »

L'adoration n'est pas une méditation intellectuelle. Certes, la pensée n'est pas absente de l'adoration. C'est même un effort de réflexion. Une parole de Notre Seigneur Jésus Christ peut être un point de départ excellent pour une conversation avec Dieu. Mais avant tout, ce n'est pas un travail cérébral, le cœur, la volonté, y ont part autant que l'esprit. Certes, une lecture spirituelle peut créer un climat favorable à l'adoration. Il faut venir à l'adoration très détendu, très « relax ». Vidé de tout pour se faire disponible au Christ, sous l'impulsion de l'Esprit. L'Esprit Saint.

Il y a des moments de prière plus intenses, il faut être très décontracté à l'audience de Notre Seigneur. L'ami divin. Nous avons à exprimer nos sentiments à Jésus Christ. Mais ne l'accablons pas de conversations. L'adoration est un dialogue. Il faut savoir se faire petit. Être à l'écoute. Être à l'écoute de Notre Seigneur Jésus Christ notre maître. Il a peut-être beaucoup de choses à nous dire par l'intermédiaire de l'Esprit Saint.

L'adoration est une halte. Un temps réservé en exclusivité à l'audience du Seigneur. Elle a pour but d'animer divinement toute notre vie humaine. D'assurer ainsi sous l'influence croissante de l'Esprit, l'Assomption. C'est-à-dire la prise en charge de toutes nos activités par le Christ, à la gloire du Père et au profit de nos frères. En d'autres termes, c'est une halte au milieu de nos occupations journalières, qui doit permettre le dialogue avec Notre Seigneur.

On peut aussi dans l'adoration réciter quelques prières vocales, mais comme le dit sainte Thérèse de l'Enfant-Jésus : « Il n'est pas nécessaire d'élever la voix pour être entendu de l'interlocuteur divin. Il entend tout ce que nous avons à lui dire. Tout ce que nous avons à lui faire comprendre. Sans avoir besoin de l'exprimer oralement. »

Je vais vous donner l'exemple d'une personne que j'ai rencontrée à Paray-le-Monial. Je participais au forum des jeunes. Un soir, je me promenais dans la rue pour motiver les gens à aller à l'adoration (il y avait adoration continuelle à la chapelle). Je motivais mes frères et sœurs car je pense que l'adoration est importante. Une personne me dit :

– A l'adoration je ne reçois rien. Il ne me parle pas, il ne me répond pas. A aucune de mes demandes, à aucune de mes prières, à aucune de mes paroles.

Il est vrai que cette personne n'avait que des demandes à formuler. Elle parlait beaucoup trop. Je dirais même, elle m'ennuyait. Alors, j'ai pensé au Seigneur. Si elle m'ennuie à moi, le Seigneur alors lui aussi devrait s'ennuyer. J'ai dit à cette personne, en termes pas très polis :

– Ferme ta gueule.

Que Dieu m'en excuse ! Cette personne m'a regardé avec de grands yeux, surprise. Je lui ai dit :

– Vous parlez beaucoup trop. L'adoration, c'est aussi écouter. Car s'il n'y a que vous qui parlez sans arrêt je pense que le Seigneur ne pourra pas en placer une et vous devez l'ennuyer. Il faut lui laisser le temps de vous répondre. N'oubliez pas que lui aussi a des choses à vous dire et je dirais comme sainte Thérèse: « Je ne lui dis rien. Je l'aime. »

Cette personne, cette nuit là, a été à l'adoration, vidée de tout. Le lendemain, lorsque je l'ai revue, elle est arrivée vers moi en souriant et elle m'a dit:

– J'ai été à l'adoration. J'ai aimé le Seigneur et il a parlé dans mon cœur.

Oui, l'adoration peut ne durer que quelques minutes mais c'est « la pincée de levain qui fait lever la pâte » et nous aide à accomplir toute la masse de nos activités. Un goût spirituel, pour ne pas dire un goût divin, qui vient agrémenter notre vie de chaque jour. L'essentiel de l'adoration, c'est de nous tenir humblement à sa disposition. Adhérer avec tout l'amour dont nous sommes capables à ses désirs et lui permettre d'agir en nous comme il l'entend.

Mon costume de pauvreté

« Pourquoi des gens qui croient en Dieu depuis leur enfance n'ont pas eu le privilège que vous avez eu ? »

J'ai déjà répondu longuement à cette question. Je ne pense pas être un privilégié. Je dirais plutôt que j'étais un malade. Le Seigneur est venu me guérir, mais j'ajouterais: non pas pour moi, pour les autres.

Pour chacun de nous, même si nous avons une connaissance de Dieu toute petite, à quelque moment que ce soit de notre vie, il est important de savoir que la première heure est plus importante que la dernière heure.

Pour la raison suivante : un jour, j'ai rencontré ce bon curé l'abbé Laïzé, sur un trottoir, lui qui avait connaissance de Dieu depuis toujours, depuis sa plus tendre enfance. Il m'a fallu cette première heure, pour moi qui étais de la deuxième heure. Je remercie le Seigneur d'avoir mis sur mon chemin cette première heure.

L'heure du rendez-vous pour chacun de nous a sonné, ou va sonner, que l'on ait eu connaissance de Dieu étant petit ou à un autre moment de sa vie. A tout instant, il peut nous appeler et se faire connaître à nous. Soyons tout à lui et ne manquons pas la divine audience.

La foi est un don de Dieu. C'est pourquoi il nous faut la cultiver. Il nous faut la demander avec insistance. Elle est aussi une vertu, c'est pourquoi il ne faut perdre aucune occasion de l'exprimer. C'est dans la prière éclairée par le Saint-Esprit que la foi agit et permet de percevoir dans le clair-obscur la présence vivante de Dieu. Car ce Jésus Christ est bien vivant. Il est venu dans cette cellule non pas seulement pour moi. Il est venu me chercher dans mon costume de pauvreté pour m'enrichir non pas d'or, non pas des richesses de ce monde, mais pour m'enrichir de la foi afin que je puisse distribuer tout ce que j'ai reçu dans cette cellule.

Pour distribuer l'amour. Pour le faire connaître. Pour crier qu'il est bien vivant et aussi pour me faire comprendre que lorsque l'on est aimé on n'impose pas sa vie aux autres, on subit la leur avec patience et amour. A l'instant où j'ai été saisi dans cette cellule, mon regard de haine est devenu regard d'amour. Dieu nous demande d'aimer tous nos frères, de n'avoir aucune rancune. D'aimer, car sous l'influence de l'amour de Jésus Christ, toutes les rancunes fondent comme neige au soleil.

Un tout-petit dans la main de Dieu

« Est-ce que ç'a été facile de vous convertir et d'y croire ? »

Non, il est certain que ma conversion n'a pas été facile. Il me faudra de longues années de souffrance, de recherche, aidé en cela par mon bon curé. Le chemin a été douloureux, mon cœur a saigné sur cette route bordée d'épines qui déchiraient ma chair. Mais quelle espérance au bout de ce chemin ! La rencontre et la conversion. Et les paroles de Jésus Christ : « Oui, je peux t'aimer, viens chercher ton pardon dans mes bras. »

Notre Seigneur ne cesse jamais de m'aimer, de nous aimer, malgré toutes nos infidélités. Je ne suis rien d'autre qu'un pauvre pécheur digne tout au plus de la miséricorde de Dieu. Chaque jour de ma vie, sur terre, je demanderai pardon de mes fautes à Dieu. Car j'ai l'impression d'être toujours trop peu généreux au service de Jésus Christ.

Cependant, un des plus beaux fruits de la souffrance, c'est l'amour.

Celui qui n'a pas goûté à l'amertume ne soupçonne même pas ce qu'éprouvent ceux qui ne savent même pas où reposer la tête. L'âme est facilement superficielle, routinière, dure et égoïste parce qu'elle n'a pas personnellement ressenti combien l'épreuve peut broyer le cœur, anéantir les espérances et les rêves d'avenir. Ravir la joie de vivre et le goût de l'action. Quand on passe par ces buissons épineux, on comprend la douleur de celui qui souffre d'une épine enfoncée dans sa chair.

Un corps endolori souffre surtout de l'incompréhension des autres. Quel soulagement de pouvoir trouver une âme bonne et compatissante ! Où trouver cette âme si ce n'est chez ceux qui ont souffert ? Je dirais : parmi mes frères détenus, dont le cœur a été brisé par la vie, dégoûté par la souffrance, mais a retrouvé la paix au pied de la croix.

Ne soyons pas impatients de la rencontre avec Jésus Christ. Dieu a l'éternité pour lui. Il peut attendre, pour donner à chacun selon ses mérites. Un jour viendra où tous les hommes comprendront, comme moi j'ai compris, toute la sagesse et toute la bonté de ce Dieu, et je dis sans cesse : « Je suis un tout-petit dans la main de Dieu. »

Né une deuxième fois

« Pouvez-vous dire que, dans la nuit du 11 au 12 juin 1969, a eu lieu une nouvelle naissance d'André Levet ? »

Oui, dans la nuit du 11 au 12 juin 1969, André Levet est né une deuxième fois. Dans cette nuit, Jésus Christ m'a appelé à vivre avec lui. J'étais une brebis perdue. Le Christ m'a appelé et je lui ai répondu. Le Christ est venu me chercher, car j'étais perdu, loin de Dieu. Je suis né une seconde fois pour le servir, l'aimer et le faire aimer. Le Seigneur me donne la force. Il m'offre un puits….

Un puits d'amour où je viens puiser abondamment pour répandre l'amour de mon Sauveur autour de moi, à tous mes frères et sœurs.

Je suis devenu, à cette nouvelle naissance, un « incendiaire » d'amour. Car si tous les chrétiens étaient de feu, le monde serait rapidement transformé en un brasier d'amour. Il viendrait se jeter en Dieu, car il ne resterait que leur seul salut.

Jésus Christ dit à chacun de nous : « Va en paix, tes péchés te sont pardonnés. Je suis en toi. Je suis avec toi. » Et devant la croix, à genoux, je me tiens devant lui et je fais un beau signe de croix. C'est ma façon de remercier Jésus Christ qui est venu me chercher pour me faire renaître, moi qui étais perdu.

VI. LE DIEU DE TOUS LES HOMMES

Les petits délinquants

« Comment venez-vous en aide aux petits délinquants ? Comment pouvons-nous faire pour les aider ? »

J'ai moi-même été délinquant, c'est pour cette raison que je lutte contre la délinquance. Quand je viens dans les écoles, je dis toujours que je ne suis pas venu convertir. Non, je suis venu apporter un témoignage. Car la conversion n'appartient qu'à Dieu. J'ajoute aussi que dans mon cœur je prie continuellement pour la conversion du monde entier. Je viens donner mon témoignage dans les écoles pour la prévention. Je viens vous motiver car vous êtes notre avenir, vous êtes les apôtres du troisième millénaire.

Je ne suis pas fier de ce que j'ai fait ni de ce que nous ont légué les anciens. Dieu vous demande d'être cette société de demain, avec plus de justice, de compréhension, de pardon, de partage, de réconciliation et d'amour. Oui, vous-mêmes, vous pouvez lutter contre la délinquance car en aidant des jeunes à sortir de la délinquance vous sécuriserez les gens honnêtes. Et vous contribuerez à rendre notre avenir meilleur.

Un petit délinquant, on peut en rencontrer un à tout

instant sur notre route. Il y a quelques années, alors que je faisais des achats dans un magasin, j'ai vu un enfant d'une quinzaine d'années qui volait. Je me suis avancé vers lui en lui disant :

– Pourquoi tu voles cette marchandise ?

Il m'a répondu :

– Parce que mon père est au chômage. J'ai des frères et sœurs, il nous faut manger.

Je lui ai dit :

– Ce n'est pas une solution de voler. Il faut trouver autre chose.

Et je l'ai invité à venir partager avec moi mon maigre repas. Je l'ai invité à m'aider pour répondre à mon courrier, et il me disait :

– Si je pouvais avoir une mobylette, je pourrais travailler.

Nous nous rencontrions souvent. Et puis, quelque temps plus tard, je suis parti pour des conférences. A mon retour, je l'ai aperçu avec une mobylette. Je lui ai demandé où il avait eu cette mobylette. Il m'a répondu :

– Je l'ai volée !

Je lui ai dit que ce n'était pas bien et qu'il devait aller la reporter là où il l'avait volée. Après de grandes discussions et après mûre réflexion, il accepta de la rapporter même s'il n'était pas très motivé pour le faire. On a pris la mobylette et on l'a rapportée vers l'endroit où il l'avait trouvée.

Arrivés là, un homme est venu vers nous en criant :

– Au voleur ! Au voleur ! C'est ma mobylette !

Il a même voulu nous frapper. Je l'ai vite arrêté en lui disant qu'il se trompait :

– Le gamin a emprunté la mobylette mais il vous la rapporte.

L'homme, après s'être calmé, nous a dit qu'elle lui faisait défaut pour aller à son travail. Et ça en est resté là. L'homme, trop heureux de retrouver son bien, ne portera pas plainte.

Avec le gamin, nous sommes retournés dans mon petit bureau où nous avions souvent répondu à mon courrier ensemble. Ce jour-là, dans une lettre, il y avait un chèque. Un chèque important, d'un montant que je n'ai que très rarement l'occasion de recevoir. Tout de suite je me suis dit : « Tiens, il veut une mobylette. Alors, pourquoi ne pas utiliser ce chèque pour en acheter une ? » Nous y sommes donc allés quelques jours plus tard. Et le gamin, tout heureux, m'a demandé s'il pouvait aussi prendre un porte-bagages derrière. J'ai dit oui. Il a ajouté aussi un porte-bagages devant. J'ai pensé qu'il voulait encore dévaliser un magasin. Mais non.

Cet enfant a effectivement été dans tous les magasins, les supermarchés et grandes surfaces. Il allait dans les bureaux et disait :

– Donnez-moi des prospectus pour que j'aille les distribuer dans les boîtes aux lettres. J'irai partout, même loin. Je vous demande juste un peu d'argent pour manger.

Les gens, après avoir vu et entendu le gamin si motivé, ont accepté et, effectivement, voilà ce qu'il faisait. Il disait :

– Je les porterai très loin, vos prospectus.

Et c'est ce qu'il faisait avec sa mobylette, et non seulement il les mettait dans les boîtes, mais il sonnait aussi aux portes et quand les gens sortaient lui demandant ce qu'il voulait, il répondait :

– Je vous donne ce prospectus. Vous voyez, c'est le magasin X ou Y. Il faut y aller et dire que c'est moi qui vous envoie.

Effectivement, les gens qui allaient dans ces magasins le signalaient aux caissières ou à l'accueil. Si bien que cet homme (je dis cet homme, car maintenant il a grandi) a une place importante dans un magasin et a réintégré honnêtement la société.

Cette histoire fait partie de petits faits, de petits gestes, qui changent entièrement une vie, et dans le bon sens. J'ai encore une anecdote qui se passe dans un magasin.

Il y a quelques mois à peine, alors que je faisais la queue à une caisse, il y a devant moi deux enfants de 13 ans environ. La caissière leur demande s'ils n'ont que ce qu'il y a sur le tapis roulant. Les enfants disent :

– Oui !

Mais la caissière leur dit sur un ton menaçant :

– Non ! Vous avez autre chose ! Sortez ce que vous avez dans vos poches !

Alors, les enfants, tout penauds, ont sorti une tablette de chocolat et un paquet de gâteaux. Tout de suite la caissière appelle le surveillant de l'établissement et lui demande de faire venir la police. Je me suis avancé à ce moment-là et j'ai dit :

– Cela fait combien, ces quelques bricoles ?

La caissière me répond :

– Ça fait 11 francs 80.

– Madame, vous les ajouterez sur ma note.

– Ah bon ! Pourtant, ils méritent une leçon.

J'ai répondu :

– La leçon, je vais la leur donner moi-même.

Ces enfants sont sortis du magasin et m'ont attendu. Quand je suis sorti, ils m'ont dit :

– On vous remercie, Monsieur.

Je leur ai dit :

– Un jour, j'ai été comme vous. J'ai commencé par voler des petits riens, puis des choses de plus en plus importantes et ma vie s'est finie par beaucoup d'années en prison.

Quelque temps après, j'ai revu l'un de ces enfants, avec ses parents. Il m'a vu aussi et je l'ai senti tremblant de peur à l'idée que je puisse dire quelque chose à ses parents. J'ai mis mon doigt sur mes lèvres et fait « Chut ! » sans que personne d'autre que lui ne me voie faire et je l'ai vu revivre.

Voilà comment on peut aider un enfant à ne pas devenir délinquant. J'espère que vous-mêmes, vous serez de bons témoins, afin d'aider à lutter contre la délinquance, afin d'aider à sécuriser la société.

La conversion, c'est du « bla-bla » ?

« Je suis moi-même un converti, et une conversion, c'est souvent du "bla-bla" ! »

Je ne pense pas qu'une conversion soit du « bla-bla ». Un converti au christianisme est un chrétien à part entière. Il faudra à nouveau, chaque matin, à ton réveil, te reconvertir pour être témoin de ton identité chrétienne car, lorsque l'on a reçu le signe de croix au baptême, on devient témoin de Jésus Christ. Il faut le crier, le faire savoir, le faire connaître. Pas seulement dans ton école, mais aussi au-delà des murs de ton école. Et donner ce que tu as reçu. Et cela ne s'appelle pas du « bla-bla ». C'est une réalité.

Ta conversion est bien réelle. Elle est un point d'interrogation pour tes frères et sœurs. Ce qui donne de l'importance à ta conversion, c'est l'effet qu'elle produit sur ton entourage et au-delà. Il te faut faire la volonté de Dieu, quoi qu'il puisse t'en coûter. Avec Jésus Christ et Marie, avec Dieu dans ton cœur, tu ne crains rien, tu es fort. Pour lui, tu braveras tout. Il te faut chanter ta conversion. Être fidèle à l'amour miséricordieux de Jésus Christ.

Un converti, au même titre que tous les chrétiens, ne doit pas seulement préparer son ciel mais aussi venir en aide à tous ceux qui sont dans l'erreur afin qu'ils puissent eux aussi se convertir et être préparés pour le Ciel. La conversion n'est pas chose facile, elle est amour de sacrifice, librement consenti. Souffrir avec patience, c'est aimer Jésus Christ. Ne pense plus que la conversion c'est du « bla-bla ». Crois-tu donc que tous les efforts que tu as faits pour ta conversion soient vains ? La conversion est amour et bonté du Créateur. Elle devient un reflet pour le prochain. Un cri d'amour fraternel.

Si tu veux, relis, dans le chapitre IV de ce livre, l'histoire de ce jeune homme de Pontmain qui décida de se faire baptiser pour que ses parents soient baptisés à leur tour[4].

---

[4] *Le baptême,* chapitre IV, pp. 50-52.

Guy Gilbert

« Je voudrais savoir ce que tu penses de Guy Gilbert, le prêtre des loubards. Que penses-tu des contestations à l'égard de ce prêtre ? »

Ce que je pense de Guy Gilbert ? Un grand bien. Il vient en aide aux petits délinquants. Il va visiter mes frères détenus dans les prisons. Il est partout présent là où il y a la pauvreté. Il est prêtre de Jésus Christ. Il est grandeur et bonté. Il est ce prêtre que j'aurais voulu rencontrer lorsque j'étais petit délinquant. Et je sais que je n'aurais pas été ce que j'ai été, c'est-à-dire un grand délinquant. Il est une source féconde de vie. Il est un petit du Seigneur qui ne possède rien. Mais il fait de grandes choses dans l'amour de Dieu.

Quant aux contestations envers ce prêtre, eh bien j'ai envie de crier : « Pensez à la parole du Seigneur : "A cause de mon nom, on dira du mal de vous, à cause de mon nom, on dira de fausses choses sur vous, à cause de mon nom, on vous maltraitera". » Je pense qu'il est pénible à Dieu de constater cet esprit de critique envers ce prêtre. Cela devient un manque de charité.

Il y a quelques années, j'ai été invité à Lyon à une conférence avec le père Guy Gilbert. Dans une église, j'ai eu du mal, car des gens avaient contesté Guy. Je me souviens qu'à cette question : « Que pensez-vous du pape et de ses richesses ? » Guy avait répondu qu'il respectait le pape car il est prêtre et obéissant à son Église. Puis il avait ajouté, et cela est choquant peut-être : « Je pisse sur toutes les richesses, mais je ne pisse pas sur le riche. Je pisse sur toutes les richesses qui sont autour du pape mais pas sur le pape. » Il est certain que cela peut choquer, mais, après la conférence, Guy Gilbert a célébré l'office religieux. Alors, tous ces gens qui l'avaient contesté, j'aimerais savoir s'ils se sont réconciliés avec lui avant l'office.

Car l'enseignement du Christ, dans les Évangiles, nous dit : « Si donc tu vas présenter ton offrande à l'autel et tu te rappelles que ton frère a un grief contre toi, laisse ton offrande devant l'autel et cours d'abord te réconcilier avec ton frère. Ensuite seulement viens présenter ton offrande » (Matthieu, 5,23-24). Cette consigne de Jésus nous montre la charité fraternelle. Aimez-vous les uns les autres par amour du Christ et soyons unis à ce prêtre, Guy Gilbert, en Jésus Christ.

Il faut le voir célébrer l'office. Avec toute la force, tout l'amour de Jésus Christ. Et quand il donne l'Eucharistie, le corps et le sang de Jésus Christ, eh bien, lorsque j'ai reçu de ses mains le corps et le sang de Jésus Christ, j'ai vu devant moi Jésus Christ lui-même distribuant le pain et le vin à la sainte Cène. Oui, Guy Gilbert le contesté, Guy Gilbert parfois aussi le mal aimé. N'oublions pas, n'oubliez jamais, qu'il est prêtre, et un prêtre pour l'éternité.

Ne sois pas incrédule

« Est-ce que vous pratiquez la religion ? Laquelle ? Comment s'appelle le Dieu en qui vous croyez ? »

Le Dieu en qui je crois s'appelle le Dieu de tous les hommes, car à l'instant où j'ai été saisi dans cette cellule, où ce Jésus Christ est venu à moi, il m'a dit : « Ne sois pas incrédule, je suis ton Dieu, le Dieu de tous les hommes. »

Alors, comment s'appelle mon Dieu ? Il s'appelle « Dieu de tous les hommes ». Quelles que soient les conditions humaines et sociales, quelles que soient les conditions de religion, elles se rejoignent toutes au même Dieu. Chacun l'aime et le servira de manière différente, mais nous n'avons qu'un Dieu, un seul et unique Dieu pour tous les hommes. J'ajouterai que celui qui n'a pas la même religion que moi, eh bien c'est mon frère, car à l'instant où Dieu a créé l'homme, la femme, il a dit de cette poussière : je crée l'homme à mon image. Afin qu'il devienne enfant de Dieu. Et peu importe les religions, un jour elles se rencontreront toutes, elles arriveront toutes au même sommet, car nous avons le même Dieu. Mais servons-le avec amour et fidélité, avec respect de notre prochain.

Souvent on me dit :

– Pour quelles raisons Dieu a-t-il fait les hommes différents de race, de peau, de couleur, de langage ?

Je réponds que lorsque Dieu a pris cette poignée de poussière il n'a peut-être pas eu le temps de trier les grains rouges, blancs, jaunes et noirs. Il a créé l'homme à son image. Il l'a créé de toutes les couleurs. C'est peut-être afin que les hommes s'aiment beaucoup mieux, sans s'arrêter à la couleur de la peau ou au langage. Car Dieu n'est pas d'une seule couleur, mais de toutes les couleurs. Il a fait une alliance avec l'homme, une arche, l'arc-en-ciel. Lorsque l'on regarde cet arc-en-ciel, il n'a pas qu'une seule couleur, il en a bien plusieurs.

Il a donné son Fils en sacrifice pour le rachat des péchés de tous les hommes. Ce Jésus, là, sur cette croix, pieds et mains transpercés, le cœur percé, de ses plaies coulait du sang. Du sang qui a la couleur du sang de tous les hommes, quelle que soit la couleur de leur peau, quelle que soit leur religion, ce sang est rouge. Et c'est par ce sang-là que nous sommes sauvés. La religion que je pratique est celle de Dieu en Jésus Christ. Nous sommes tous frères. J'aime tous les hommes. Autant un pauvre qu'un riche, autant un blanc qu'un noir. Le Seigneur nous donne un commandement : « Aimez votre prochain comme je vous ai aimés ».

Sachant jusqu'où il nous a aimés, jusqu'au sacrifice, il s'est mis en tête de tous les porte-croix pour nous montrer la religion. Pour nous montrer la direction. Pour nous montrer qu'il y a un seul Dieu. Un seul Dieu pour tous les hommes.

Je suis ce pauvre

« Le Christ apparaît à quelle sorte de gens ? »

Je ne pense pas que le Christ ait des choix pour

apparaître à « des sortes de gens ». Il est écrit : « Je me révélerai à tous les hommes. » Non pas à une certaine sorte de gens mais « à tous les hommes ». Le Seigneur dit à chacun de nous : « Viens et suis-moi », « Mets tes pas dans mes pas et faisons le chemin ensemble ». Dieu nous aime et nous a aimés le premier. Tout repose sur cet amour de Dieu pour nous. Le nôtre n'est qu'une réponse.

Le Christ ne fait qu'un avec ses membres. Le mystère de sa vie, de sa mort et de sa résurrection ne sera pleinement achevé qu'après s'être réalisé en nous. Le Christ apparaît à tous les hommes. Il faut savoir le reconnaître en chacun de nous, car c'est lui qui l'a dit : « Je suis ce pauvre sur ce trottoir, qui tend la main. Je suis cette personne malade sur son lit. Je suis ce détenu en prison. » Oui, il est présent et visible en chacun de nous.

VII. C'EST AUSSI POUR TOI

Il m'a ouvert les yeux

« Nous, les soi-disant "justes", nous avons du mal à croire que nous enfonçons des clous dans les mains et les pieds du Christ. Quand ouvrirons-nous les yeux ? Qu'est-ce qui vous a ouvert les yeux à ce sujet ? Quelle "recette" nous donnez-vous pour rencontrer le Christ ? »

Certains croyants font peu de bruit, car ils ont à l'égard de leur foi une pudeur infinie. Chacun sème ce qu'il a reçu pour que la récolte soit abondante pour son Dieu. Connais-toi toi-même, c'est là que commence la découverte de la vie. Quand vous vous poserez cette question, vous sentirez soudain tout ce qu'elle révèle de mystère. Tout ce qui est indigne de Dieu, en paroles, en pensées, en actions, c'est un clou enfoncé dans les mains ou les pieds du Christ.

Lui, il nous dit : « Je suis la lumière du monde, qui me suit ne marchera pas dans les ténèbres mais aura la lumière de la vie. » Pour toute offense faite à son prochain, trahison, péché, Jésus en son cœur nous pardonne. C'est pour nous tous que le Christ est en croix. Cette croix, il l'a portée pour nous en agonie. Il y a versé son sang pour nous. Il a dit pour nous : « Père, pardonne-leur. » En toute humilité, nous pouvons croire que même un juste peut enfoncer des clous dans les mains et les pieds du Christ.

La route sera longue, mais nous pouvons commencer en essayant de vivre en plein l'instant présent, pour rendre plus fécond celui qui suivra. Le regard fixé sur la croix qui recrée toute l'humanité. Vous me demandez ce qui m'a ouvert les yeux. Eh bien, je réponds : « Christ transpercé. » Quand il est venu à moi, dans cette cellule, il m'a montré les plaies de ses mains, les plaies de ses pieds, ce côté transpercé, et il m'a dit :

« C'est aussi pour toi. »

La recette que je vous donne : contempler ce Jésus Christ sur cette croix. Regardez ses pieds et ses mains cloués sur cette croix. C'est à ce moment-là que vous prendrez conscience de sa force et de sa divinité. Car le Christ n'a pas versé son sang inutilement, il l'a versé pour que nous soyons enfants de lumière. Et à la question : « Quelle recette nous donnez-vous pour rencontrer en vérité le Christ ? », ma réponse est : prendre conscience de sa présence en soi, c'est le voir.

Croire en l'amour

« Depuis votre rencontre avec Jésus Christ, vous arrive-t-il d'avoir des doutes ? Votre foi est-elle toujours aussi forte ? »

Je suis homme pécheur. Il m'arrive d'avoir des doutes. Des doutes sur l'amour du prochain. Sur ce que je veux faire et que je ne peux pas faire. Mais une chose est certaine : je n'ai aucun doute sur ma rencontre avec Jésus Christ car c'est une certitude. Il est bien vivant. Il était bien présent dans cette cellule. Je crois. Il m'est plus doux de dire : « Je crois » que de dire : « Je doute. »

Mais cela ne veut pas dire que je ne souffre pas de la déception. La déception peut faire très mal. Simple écorchure ou plaie profonde, elle laisse toujours une cicatrice. Pourtant, doit-on toujours tendre le poing ? Même si tout s'effondre, même si notre idée de l'humanité se trouve ébranlée, même si le doute vient dans mon cœur, je me dis que je ne suis pas meilleur que mes frères et sœurs. Sans la déception de ce monde, bien pauvre resterait notre expérience.

Mon désir avant tout c'est que Dieu occupe mon cœur tout entier. Ce que Dieu veut, je le veux. Cherchez Dieu partout. On se trouve bien, pourvu que Dieu soit là. A genoux, le regard fixé sur la croix, même si j'avais un doute, je ne pourrais plus douter. Ma foi reste toujours aussi forte. Ma foi est une confiance en Christ. Je crois en ce que j'ai vu en cette nuit du 12 juin à 2 heures du matin. Il m'a montré ses plaies, mais aussi sa résurrection. J'ai compris la vérité. Qu'il est Vie et qu'en dehors de lui mes aspirations de la vie sombreraient dans le néant.

Le même jour, je suis devenu témoin croyant et qui veut faire croire en Dieu avec insistance. Qui veut faire croire en Dieu. Sa vérité. La révélation éclaire ma route. Ma vie chrétienne est devenue combat permanent pour la volonté de Dieu afin que nous soyons tous rassemblés en lui. La foi en Dieu, c'est l'espérance chrétienne. Cette foi en l'amour est toute la vie chrétienne. Certes, la foi est un don de Dieu, c'est pourquoi il nous faut la demander avec insistance. Mais elle est aussi une vertu. C'est pourquoi il nous faut ne perdre aucune occasion de la conserver.

Il nous faut l'amour de Dieu, et y croire, car Dieu est amour. La parole de l'Évangile nous dit : « Celui qui demeure dans l'amour demeure en Dieu et Dieu en lui. » J'ai bien compris ma leçon : le don de moi-même comporte l'abandon total à la volonté de Dieu. L'essentiel n'est pas d'être ici ou là, de faire ceci ou cela, mais d'être là où il veut, de faire tout ce qu'il veut, avec le maximum d'amour. Que tous les cœurs amour fassent rayonner Jésus Christ. Aimer les autres, c'est aimer le Seigneur. L'Évangile est la lumière de notre vie. L'espérance de tous les chrétiens.

Pour le chrétien disciple de Jésus Christ, sauvé par lui et sauveur avec lui, il n'y a jamais de vie brisée, de vie cachée, d'échec irrémédiable. Croire en l'amour. L'amour du Christ, c'est évidemment croire en l'amour dont nous sommes aimés, mais c'est aussi croire en l'amour dont nous sommes capables d'aimer. Qui croit en l'amour comme le Christ et avec le Christ ne pense jamais d'abord porter un jugement sur le passé, sur qui que ce soit, mais à tirer le bien du mal et à faire fructifier tout mal en bien.

Il est là et il t'aime

« Ce qui m'a frappé chez vous, c'est la force spirituelle et cette sorte de sérénité qui émane de votre regard. Je ne sais pas trop comment exprimer ce que j'ai ressenti en

vous écoutant parler de votre vie passée et ce qui vous a appelé vers l'autre voie. Je ne crois pas en Dieu, mais depuis que j'ai entendu votre témoignage je me pose des questions qui me reviennent souvent à l'esprit. Je souhaite vivement vous les exprimer.

« Est-ce que, sous l'image de Dieu, ne se cache pas une force qui vient du fond de chacun ? Est-ce que Jésus n'était pas tout simplement un homme doué d'une intelligence exceptionnelle ? N'est-il pas un prophète extraordinaire pour son époque comme le fut Gandhi dans notre siècle ? Est-ce que la Bible n'est pas simplement le récit de la vie de cet homme qu'on appelle Jésus et qu'on a idéalisé au fil des siècles ? L'homme a besoin d'un idéal pour vivre, et la Bible en est un.

« Je ne sais si vous pourrez apporter une réponse à mes questions, mais je suis sûr que vous me comprendrez bien mieux qu'une personne qui a toujours eu la foi, qui n'a aucun doute sur l'existence de Dieu et qui ne peut concevoir d'autres explications. »

Le grand mystère du Seigneur, c'est l'unité des chrétiens avec le Christ, car la parole nous dit : « Le Christ est tout en vous. » Cela veut dire unité avec le croyant comme avec le non croyant, qu'il soit riche ou pauvre, noir ou blanc. Il est unique source de vie puisqu'il est fils de Dieu. Il nous a laissé sa parole dans les Évangiles. Lumière de vie. Aujourd'hui comme hier, ces Évangiles sont ouverts devant nous et le Christ nous apprend à tout instant par son Esprit à les lire, à les méditer, à les comprendre.

Beaucoup de personnes ont dépeint Jésus Christ comme

un rêveur, un sentimental doucereux, un débonnaire. L'Évangile, bien au contraire, nous montre « Le Maître ». Ce titre doit avoir une signification pour notre vie spirituelle et nous aider à mieux connaître le Christ. Il a voulu choisir les règles d'une économie pleine de prudence et de sagesse dans la communication de la vérité divine aux hommes. Il n'a pas d'emblée présenté son message de rédemption dans toute sa splendeur. Il a préparé les esprits, car les esprits doivent être préparés à le recevoir. Les âmes et les cœurs doivent être disposés à l'entendre. Le Christ, aujourd'hui comme hier, donne sa lumière aux hommes de bonne volonté.

Être humble, simple, face au Christ. Afin que la semence de sa parole tombe dans un sol bien préparé, fait de bonne terre, libéré des pierres et des épines, l'idéal. Je dirai : que nos cœurs aiment Dieu. Afin de puiser dans le cœur de Dieu l'amour pour l'humanité. Que l'on soit capable de vibrer à toutes les souffrances de l'humanité.

La condition du chrétien au milieu du monde est celle d'un pauvre ne possédant rien, pas même lui-même. Mais possédant la plus belle des richesses : Jésus Christ, car par lui nous sommes en Dieu. Dieu est en nous et nous ne sommes en Dieu que parce que Dieu est en nous. L'espérance est le fruit de la foi et la foi se nourrit de l'espérance. La foi, c'est la croix, qui révèle la joie, et l'espérance, c'est la joie, que révèle la croix.

Ma réponse à « … Je ne crois pas en Dieu » : malgré cet obstacle, dis-toi qu'il est là et qu'il t'aime. Il attend un signe de toi pour venir dans ton âme de pécheur blessé. N'a-t-il pas versé son sang pour tous ? Lorsque

Jésus est venu dans ma cellule, il m'a dit : « Je suis ton Dieu, le Dieu de tous les hommes » et il a ajouté, autant pour toi que pour moi, ces paroles qui ont résonné autour de moi : « C'est aussi pour toi. »

J'avais mal appris ma leçon

« Quelles sont les difficultés que vous avez rencontrées à votre sortie de prison ? »

Les difficultés que j'ai rencontrées à ma sortie de prison ont été nombreuses. Comme elles le sont pour tous mes frères détenus. Il n'est jamais facile de trouver un emploi après tant d'années passées en prison. Il me faudra l'aide d'un assistant social : Jacques Ouvert. A l'office pour l'emploi, à l'annonce de mes condamnations, toutes les portes se sont refermées. Mais j'ai eu quand même un travail.

Lorsque j'ai été présenté au chef du personnel, je l'entendrai me dire :

– On veut bien vous embaucher, mais ne dites rien de votre passé aux autres ouvriers car, s'ils apprennent que vous sortez de prison, on ne pourra pas vous garder. On devra vous renvoyer.

Je devais avoir un travail peu pénible. En fait, j'ai eu le travail le plus dur, le plus sale de l'usine, celui dont personne ne voulait. Avec une aumône pour salaire.

J'ai travaillé sans me plaindre. J'ai mis toutes mes forces dans le Seigneur et j'ai été récompensé par la suite. J'ai été affecté à une machine où j'ai appris un métier de manœuvre, je suis arrivé à une qualification. Le jour où j'ai commencé mon travail, j'ai décidé de dire aux ouvriers avec qui j'allais travailler d'où je sortais, d'où je venais. Je me disais que si on devait me renvoyer cela devait se passer aujourd'hui et non pas dans quelques mois ou quelques années. Ces ouvriers-là m'ont écouté et m'ont accepté. Je me suis rendu compte que ce chef du personnel avait tort car avec eux j'ai fait une longue route sur le chemin de l'amitié et de la fraternité. Je vais vous raconter cette petite histoire pour vous montrer les difficultés de tous mes frères détenus.

Un homme qui avait été libéré depuis des années avait refait sa vie. Il avait trouvé un emploi bien placé dans une usine. Il s'était marié et avait fondé une famille. Il avait caché à tous ses antécédents, ses années de prison, même à sa femme. Il avait refait sa vie. Mais un jour, à l'usine où il travaillait, il y a eu un cambriolage. Le coffre de l'usine a été ouvert. Après des recherches, la police s'est rendu compte que cet homme était un ancien perceur de coffres. Ils l'ont donc interpellé. On l'emmène et on l'interroge. Quelques jours plus tard, on le relâche car il s'avère que ce n'est pas lui qui a commis ce délit. Mais il va perdre son emploi. On le montre du doigt. Sa femme se sépare de lui, demande le divorce. Cet homme qui s'était reclassé dans la société, qui avait oublié son passé, qui vivait honnêtement, cet homme-là a cherché la seule porte de secours qui lui restait : le suicide.

Au calvaire, il y avait un bon et un mauvais larron. Ils étaient condamnés par la justice des hommes, qui est imprévisible, mais pas par celle du futur ressuscité. Il faut être juste pour oser juger, condamner ou pardonner. Qui de nous osera se dire juste et sans tache ? C'est un terrible défi de demander à l'homme de juger l'homme. Et peut-on dire : « Je te pardonne si Dieu te pardonne » ? Ou bien faut-il dire : « Je te pardonne pour que Dieu te pardonne » ?

Ma difficulté fut aussi que dans ma cellule je me suis fait toute une idée de la vie chrétienne. Je me disais que cela était bon d'avoir rencontré le Christ, que tous les chrétiens étaient bons, que cela serait la fraternité, l'amitié, que chacun venait en aide à son prochain.

A ma sortie de prison, quelle déception ! Les larmes de misère que j'avais cru oublier ont de nouveau coulé sur mon visage. Le chrétien n'était pas selon l'image que je m'en étais fait dans ma cellule. J'avais mal appris ma leçon. Le chrétien est comme tout le monde. Il peut être bon ou mauvais et le Seigneur nous dit : « Que celui qui est sans péché jette la première pierre. »

Je me suis rendu compte alors que je n'étais pas meilleur que les autres. Mon bon curé m'a souvent rappelé à l'ordre en me disant : « André, un chrétien, ce n'est pas quelqu'un qui ne pèche pas, mais c'est un homme qui ne reste pas dans son péché. »

Il faut unir nos cœurs à celui du Christ et avoir confiance, alors nous ne serons pas déçus. Ne pas douter de l'amour de Dieu, car un cœur qui aime Dieu ne demande rien mais donne sans compter. Le soleil reste le soleil et, au fur et à mesure que la brume se lève, ses rayons percent le brouillard et se font de plus en plus éclatants. La mission du chrétien, c'est avant tout d'aimer, de servir le Christ et de le faire aimer.

Petit témoin

« Pensez-vous que beaucoup d'élèves sont touchés par votre histoire ? Vous participez à beaucoup de rassemblements de jeunes : le forum des jeunes à Paray-le-Monial ou le rassemblement chrétien en 1988 à Versailles. J'aimerais savoir comment ils réagissent à votre témoignage et si celui-ci porte des fruits. »

Je suis témoin, petit, petit témoin. Pourquoi les écoles ? Pourquoi les rassemblements de jeunes ? Parce que vous êtes les apôtres du troisième millénaire. Apôtres du temps présent. C'est par vous que le monde peut changer. Parlez au Christ avec amour, ardeur et conviction. Oui, vous les jeunes, vous êtes l'Église de demain. Ce que j'ai reçu de Dieu, il me faut le dire. Le Seigneur Jésus Christ est venu me chercher dans mon costume de pauvreté pour être petit témoin. La conversion ne m'appartient pas, seul Dieu peut convertir. Il nous faut beaucoup prier pour la conversion du monde entier afin que le Paradis soit accessible à tous les hommes.

Je vous donne quelques réactions de jeunes à l'écoute de mon témoignage. Un jour, à Paray-le-Monial, à la fin de mon témoignage, un jeune est venu me voir et m'a dit : « Eh bien, alors, si pour rencontrer Jésus, il faut braquer des banques, moi je vais y aller. » Je l'ai alors regardé droit dans les yeux et je lui ai dit : « Si tu veux braquer pour rencontrer Jésus, eh bien il te faut aller dans l'église de Paray-le-Monial. Tu y verras une grande toile avec devant le Saint-Sacrement. Va braquer Jésus Christ. » Cet homme a été à l'adoration, puis il m'a dit : « J'ai braqué Jésus Christ et je l'ai accepté comme sauveur. »

Il y a aussi ces deux élèves de Bordeaux, où pendant huit jours j'ai donné conférence sur conférence dans une école de trois mille élèves. Lors d'une session, des sœurs de l'école m'ont dit : « Il y a des élèves qui vont se mettre devant vous pour vous narguer, pour vous embêter. »

En effet, lorsque je commence mon témoignage, deux élèves se placent devant moi et commencent à me narguer. Alors mon témoignage sera dédié, en silence, à ces deux élèves. Il sera donné comme une prière. Lorsque je termine et que les élèves se dispersent, je reste avec les sœurs. Alors, les deux élèves sont rentrées dans la salle en courant et les sœurs ont dit : « C'est pour vous, c'est pour vous. »

Je les ai donc attendues et l'une d'elles m'a dit : « J'ai été au garage prendre ma mobylette. D'habitude, il est toujours ouvert mais pas aujourd'hui. Alors, j'ai attendu en me posant des questions et j'ai senti qu'il fallait que je vienne vous revoir pour discuter avec vous. » Nous avons discuté longuement et je laisse le reste à Jésus Christ car moi je ne suis qu'un semeur. A Dieu seul appartient la récolte. Quant à l'autre élève, elle m'a dit : « J'étais venue pour me moquer de vous, et en définitive c'est vous qui vous êtes moqué de moi. »

Il y a aussi certains élèves qui viennent me voir et me disent : « Je suis venu vous écouter mais comme à l'habitude j'espérais pouvoir parler avec mes copains au lieu d'écouter, mais là, c'est la première fois que pendant une heure de cours je ne parle pas. » Je pense que cela est significatif : quand on parle d'arbre, quand on parle de fruits, l'arbre porte ses fruits, mais tout le mérite en revient à Dieu seul. Les témoins ne sont que des ouvriers.

VIII. LE LOUP DEVENU AGNEAU

Les six dernières années de détention

« Comment avez-vous occupé votre temps pendant vos six dernières années de détention après votre rencontre avec Jésus Christ ? »

Il me faudra six années pour arriver à connaître tout de Jésus Christ, ce qu'il m'a été donné de connaître en une seule nuit. Le loup est devenu l'agneau. Il me faudra six ans et il faudra six ans à l'artiste divin pour extraire de ce bloc de marbre que j'étais un petit, petit témoin.

Le travail a été très dur. Il me faudra tout apprendre. Il a été sans relâche. Avec mon bon curé, j'apprendrai les prières. J'apprendrai à prier Dieu, comment m'adresser à lui. Il est certain que tout cela sera pénible. A la parole de Jésus Christ : « Si l'on te frappe sur la joue droite, il te faudra tendre la joue gauche », je bondissais et je disais « Ah non ! pas ça ! » et le Seigneur répondait : « Ce sera seulement à cette condition que tu seras mon témoin. »

Oui, il me fallut aller à l'école du Seigneur pendant ces longues années. Il m'a fallu accepter la souffrance. Cela n'a pas été facile. Pourtant, la souffrance, c'est le plus beau des dons que Dieu puisse nous faire dans sa bonté. Je disais à Jésus Christ : « Que ta volonté se fasse.

Dans cette nuit, tu as semé en moi une graine de foi, de connaissance, de sagesse, d'humilité et de repentir. » La germination a demandé de longues années, mais quand le travail a été terminé, quelle récompense ! J'ai pu alors entendre ces paroles : « Maintenant tu es libre d'aller où tu veux avec moi dans ton cœur. »

Le Seigneur dit à chacun de nous : « Prends ma main, ne crains rien. Regarde-moi, je suis ta force. »

Que notre regard vers lui reste toujours confiant, restons à l'écoute de son appel, car il peut venir à toute heure. Il répond à l'amour par l'amour. Celui qui aime en Jésus Christ ne s'appartient plus car il est livré tout entier à l'amour.

Le Seigneur était venu me chercher pour me rendre libre. J'étais un homme libre entre quatre murs. En toute liberté je m'adressais à lui. Il me faudra crier à travers mes barreaux pour dire ce qui s'était passé pendant cette nuit. J'avais reçu, il me fallait le dire gratuitement, ne pouvant le garder pour moi seul.

Avec le Christ en moi, à tout instant je me sens nourri de son amour. Il m'a seulement demandé d'être un petit témoin, rien d'autre que ce que ma petitesse peut donner, et de rester fidèle à la grâce. J'ai eu tout à apprendre du Christ bien-aimé pour donner tout ce que j'ai reçu en une nuit.

Il est certain que les détenus vont se moquer. Mais la moquerie, je la connais, je l'avais pratiquée moi-même. Des amis me diront même d'arrêter mon baratin :

– Raconte ça au surveillant mais pas à nous, on sait bien que tu les endors encore pour t'évader.

Et je répondais :

– Non, car je me suis évadé dans la nuit du 11 au 12 juin pour la Liberté.

Le temps va passer. Alors, quand ils verront que je ne m'évade pas, quand ils verront que j'ai vraiment changé, que je respecte les surveillants, que je ne les frappe plus, que je ne leur crache plus dessus, que je ne les insulte plus, là, je deviendrai un point d'interrogation et chacun voudra savoir le récit de cette nuit. Certains me demanderont si le mec qui est venu dans ma cellule pour me rendre libre peut venir les voir aussi. Je répondrai : certainement. S'il est venu me voir, moi le grand pécheur, il peut bien rendre visite à mes frères détenus.

Mais j'ajoutais toujours :

– Vous êtes libres de demander, mais le Christ reste libre aussi de refuser toute demande non conforme à ses enseignements, de venir nous donner autre chose selon son gré, car le Seigneur répond toujours à une demande bien faite, à une prière bien demandée. A l'instant où Dieu te saisit, plus que jamais tu ne pourras vivre comme avant dans ton péché, car tu es marqué de l'empreinte du Christ.

Le 30 mai 1975, j'ai été rendu à la liberté de l'homme pour servir mon Dieu d'amour. Pas sans mal, pas sans peine, mes lèvres ont gémi, mon cœur a saigné, j'ai pleuré. Le chemin était escarpé mais le Christ m'a demandé d'aller doucement, prudemment, car sa parole m'a dit et nous dit : « Ne crains rien, je suis avec toi. »

J'avais un but : aimer et vouloir sauver mes frères. Je me souviens d'une tournée de conférences à Nantes. Tous les jours, au matin, de très bonne heure, j'arpentais les rues à la recherche d'un frère à aider. Un matin, j'ai vu un homme recroquevillé dans un coin de couloir. Je me suis arrêté pour lui demander pour quelle raison il était couché là. Il m'a dit :

– Monsieur, je suis sorti hier de prison et je ne sais pas où aller, je n'ai pas beaucoup d'argent mais je ne veux plus retourner en prison. Je voudrais qu'on me vienne en aide.

Alors, je l'ai pris par la main.

La première chose que j'ai faite, c'est d'entrer dans un café qui venait d'ouvrir et nous nous sommes assis. Je voulais lui offrir un café avec un morceau de pain. Le patron du café est venu vers nous pour nous dire :

– Je ne sers pas les clochards chez moi.

Il est vrai qu'il n'était pas très bien habillé, et mal rasé, et moi j'étais dans mon costume de pauvreté. J'ai dit :

– Monsieur, on a de l'argent. On veut boire un café et manger un morceau de pain.

Alors, ce patron nous a fait changer de place et nous a cachés dans un coin, cachés de la vue de la clientèle. Il nous a quand même servis.

Ensuite, j'ai donné une adresse à mon frère, ancien détenu, afin qu'il puisse trouver un toit, afin qu'il puisse manger et retrouver une vie normale. Cet homme a été heureux. Je l'ai regardé partir en pleurant et j'ai dit : « Merci Seigneur, car il est aussi ton enfant et en lui tu habites car je sais que tu es en chacun de nous, tu es Jésus Christ. Je ne suis rien, Seigneur, sauvé par ta miséricorde, tiré de tout le mal que j'ai fait. Tiré de mon néant. »

J'ai prié pour ce patron de café. J'ai dit : « Oh, Seigneur, si les hommes voulaient comprendre à quel point tu nous aimes, à quel point tu es doux et miséricordieux, le monde pourrait changer ! » Car le Seigneur a soif d'aimer et de nous pardonner.

Les surveillants

« Quelles furent les réactions des surveillants et du directeur de la prison après votre changement de comportement ? »

La première réaction des surveillants a été la méfiance, car il est vrai que je n'étais pas tendre, j'étais un méchant. Le soir du 11, j'étais encore un loup, les insultant, leur crachant dessus, essayant de les frapper ; au matin du 12, leur disant à l'ouverture de la porte : « Je vous aime, tous ». Alors, ils sont restés méfiants, pensant que je faisais diversion pour m'évader encore une fois.

Mais les jours passant, il y aura contact. La porte de ma cellule s'ouvrira avec moins de méfiance. Il y aura discussion. Chacun voulant savoir comment en une nuit j'ai pu devenir aussi gentil. Il me faudra, à chacun d'eux, témoigner de ce que j'avais reçu en une nuit, comment de loup j'étais devenu agneau. Comment un André Levet avait pu se mettre à genoux et pleurer. Comment, du jour au lendemain, ce caïd avait décidé de respecter le règlement en tous points.

Avant tout, ce n'est pas dans mon témoignage qu'ils pouvaient chercher le Christ, mais c'est en l'homme nouveau que j'étais devenu qu'ils pourront le rencontrer et comprendre comment il avait fait de moi un autre homme.

J'étais conscient de la richesse qui m'avait été donnée en cette nuit. J'ai compris que je devais être petit, petit témoin, et que je n'avais pas le droit de garder pour moi seul ce trésor. J'étais devenu un témoin vivant de Jésus Christ et il me fallait distribuer ce trésor, cette richesse que Dieu m'avait accordée. Bien plus que ma discussion, c'était le rayonnement de ma vie, ma conduite, les manifestations extérieures, avec Jésus Christ dans mon cœur, qui agissaient autour de moi et rapprochaient du Seigneur.

Chaque jour j'étais en contact avec de nouveaux surveillants qui voulaient savoir. J'étais un point d'interrogation pour tous. J'espérais, j'étais impatient, je voulais qu'ils deviennent tous membres de Jésus Christ. Le directeur de la prison viendra lui aussi me voir. Il me dira :

– Si vous suivez vraiment le règlement, si vous avez réellement changé, je ferai en sorte que vous obteniez des grâces.

Moi qui m'était évadé plusieurs fois, ayant même corrompu un gardien qui sera pris et fera trois ans de prison, je n'avais droit à aucune grâce. Avec l'aide de ce directeur et grâce à Dieu, j'obtiendrai ces grâces. Ce directeur ira même jusqu'au ministère de la justice pour raconter mon grand changement. Six ans plus tard, je serai définitivement libéré.

En attendant, pour moi, le nouveau converti, il me

semblait vital, pour tous ceux qui m'approchaient, qu'ils connaissent davantage le Christ, l'aiment et se soucient plus de lui.

L'amour grandit dans la mesure où il s'exerce. Oui, grandir en amour, c'est grandir en délicatesse et en vertu. Le Christ est venu m'aimer en cette nuit pour une éternité, et je voulais lui prouver à ma mesure que je l'aimais en étant un témoin de sa miséricorde, je voulais crier à tous ceux que je côtoyais : « Ne perdez pas votre temps à agir sans amour. » Car j'avais compris que c'était sur l'amour que nous serions jugés. La plus belle heure de ta vie sera celle où tu auras le plus aimé.

Un disciple, un témoin du Christ n'est pas pourvu de moyens puissants qui lui assurent un succès humain. A Dieu seul appartient la récolte. Il apporte ce que les hommes ne peuvent se donner eux-mêmes : « la Paix ». Il faut la répandre et avoir une existence dans la fidélité de l'Évangile. Car nous sommes tous des témoins pour collaborer à la venue du Royaume. Aimons notre Dieu, aimons notre prochain, dans l'amour du Christ, car il nous a aimés comme on n'a jamais été aimés.

Je ne faisais plus la différence entre un surveillant et un détenu, car chacun était un frère en Jésus Christ. Je priais, et je prie toujours, pour que les surveillants aiment mes frères détenus de ce même amour que je leur porte en espérant que cela soit une contagion partagée pour le respect et la dignité.

Bien des années plus tard, après ma libération, lorsque je reviendrai à la centrale de Château-Thierry, pour une discussion avec mes frères détenus, il me sera rapporté des choses merveilleuses. Une personne m'a dit, entre autres, que les surveillants disaient :

– Bientôt nous serons au chômage, car si ça continue ils pourront se garder eux-mêmes.

Chacun achète une Bible. Beaucoup parlent de Dieu, entre surveillants et détenus. Les quatre gros évangiles que l'abbé Laïzé m'avait envoyés sont toujours à la centrale, circulant de cellule en cellule. La centrale elle-même a beaucoup changé, ce n'est plus la centrale de force qui m'avait accueilli il y a une trentaine d'années. Les cellules sont toujours aussi étroites. Les bras tendus, on touche effectivement toujours les deux murs. Il y a toujours des barreaux aux fenêtres. Mais il y a une chose nouvelle : on parle de Dieu entre détenus et surveillants.

Le Seigneur nous dit dans sa parole : « Que deux ou trois frères en effet soient réunis en mon nom, je suis là au milieu d'eux » (Matthieu 18,20). C'est lorsque le Christ semble loin qu'il est près de nous. Pour nous enseigner, il tire parti de tout. Et du bien et du mal. Se souvenant de l'un et oubliant l'autre. Plus on prend contact avec Dieu par la foi, plus on perçoit sa puissance. Je compte sur son secours ici-bas pour enseigner ce que j'ai reçu dans cette cellule.

Je ne loupe pas une vache dans un couloir

« Avez-vous revu d'anciens surveillants qui vous avaient gardé en prison ? Quels sont les rapports que vous avez avec eux aujourd'hui ? »

Oui, il m'a été donné de rencontrer des surveillants qui m'avaient connu et gardé en prison. J'ai encore de bons rapports avec eux. Je me souviens de quelques faits marquants. Tel ce surveillant à la retraite à La Roche-sur-Yon. Lors d'une de mes conférences dans cette ville, il est venu me voir et me serrer dans ses bras en pleurant. Certains surveillants disent à ceux qui m'accompagnent qu'ils ne me reconnaissent plus. Ils avaient connu un méchant capable du pire. Ils ont revu un gentil, capable d'aimer et ne cherchant que le bien. Je ne suis qu'un petit, un rien. Mais un rien aimé par le Christ.

Je me souviens aussi de ce gendarme qui, lors d'une de mes conférences, a dit :

– C'est moi qui étais dans le train !

L'explication, la voilà. Je l'ai d'ailleurs racontée dans mon premier livre : *La Prison du rendez-vous*[5]. Quand j'ai été arrêté, on m'a transporté de prison en prison pour comparaître devant les tribunaux de toutes les régions où j'avais accompli des méfaits. Lors de ce transfert mouvementé, celui du train, j'ai été extrait de la prison de Rennes. Ma réputation d'homme dangereux était bien entretenue par les discours des surveillants avec les gendarmes qui doivent me transférer. Je suis catalogué

[5] Nouvelle Cité, Paris 1983.

comme un méchant, comme un tueur. A tel point qu'un gendarme, lors du transfert, arme son pistolet en introduisant une balle dans le canon et dit :

– Je ne loupe pas une vache dans un couloir.

Je n'ai rien dit. Mais je savais déjà que j'allais donner une bonne leçon à ce gendarme. Accompagné par mon escorte, menottes aux poignets, serrées au maximum, nous sommes conduits à la gare où un compartiment entier nous est réservé dans ce train qui part en direction de Coutances. Dans ce compartiment, j'ai un gendarme de chaque côté et trois en face de moi. Bien entendu, il y a le gendarme qui a le pistolet armé à côté de moi. Il ne parle que de tir au pigeon, il raconte qu'il est le meilleur tireur d'élite. Avec le roulement du train, le calme se fait, les discussions sont moins mouvementées, l'assoupissement et l'oubli s'installent. Alors commence mon travail d'approche.

Le gendarme au pistolet armé est assis à ma gauche. Il me faut lui donner sa leçon. Ma main droite cachée par mon bras posé sur mes genoux cherche à tâtons le mousqueton qui agrafe le pistolet par une chaînette de l'étui à la ceinture. Mon travail se poursuit un certain temps. Après quelques manœuvres habiles, le pistolet est enfin libre. D'un bond je m'en saisis et me plaque contre la porte du compartiment dont les rideaux avaient été tirés. Je vois devant moi cinq gendarmes devenus livides, blancs comme la neige. On leur avait tellement rabâché à la prison que j'étais un tueur qu'ils croient leur dernière heure arrivée. Je me souviens que les seules paroles que j'ai dites sont :

– Une balle dans le canon : je ne loupe pas cinq vaches dans un compartiment.

Je regarde le pistolet et je le jette sur les genoux du gendarme à qui je l'avais subtilisé. Les autres me regardent et ne comprennent rien. Je reprends ma place entre les deux gendarmes. Le pistolet restera même encore quelques instants sur les genoux de son propriétaire incapable de réagir. Il reste vraiment médusé. Tout cela a été tellement rapide. Enfin la parole revient. Le pistolet reprend sa place dans son étui. Ils ne feront pas de rapport. De mon côté, je me suis engagé à ne rien dire, car les ennuis seraient aussi graves pour eux que pour moi. Nous devenons les copains d'un moment. Ils m'offriront le verre de l'amitié. Mes menottes seront enlevées.

A la prison, à mon retour, le surveillant-chef leur demande si tout s'est bien passé. L'homme à la balle dans le canon répond :

– Je ne sais pas si c'est un terrible et un tueur, mais pour moi, c'est un brave type.

Et il me donne une poignée de main en me quittant. Devant un surveillant-chef médusé qui n'y comprenait rien. C'est ce même gendarme qui, lors d'une de mes conférences, 27 ans plus tard, dira : « L'homme à la balle dans le canon, c'était moi. »

Quant au directeur de la prison de Château-Thierry, il m'a été donné de le rencontrer alors que je donnais une conférence à la Centrale même. Je me souviens d'ailleurs des surveillants qui m'avaient accueilli à la porte. Ils étaient au nombre de trois à m'avoir connu car les autres étaient tous partis en retraite. La première parole qu'ils m'ont dite en me voyant :

– Le voilà, le terrible !

C'est après qu'ils ajouteront :

– Mais qu'est-ce qu'il a changé en une nuit !

Ils se souviendront tout d'abord de l'homme méchant et c'est seulement ensuite qu'ils parleront de mon changement.

J'ai donc donné mon témoignage devant les détenus. Après, j'aurai une surprise qui n'était pas prévue. L'ancien directeur de la Centrale, celui qui m'avait connu, était de passage, tout à fait par hasard. Quand il m'a vu dans le hall de la prison, il a dit :

– Mais qu'est-ce que tu fais là ?

Il avait peur, car en effet il avait tellement fait pour moi. A l'époque de ma rencontre, le 12 juin 69, j'avais beaucoup discuté avec lui. Il m'avait dit un jour : « Tu partiras en conditionnelle et moi en retraite. »

Effectivement, je suis parti en conditionnelle en mai 1975 et lui sera à la retraite un an plus tard. Il avait été jusqu'au ministère de la justice expliquer mon cas, essayer de m'obtenir des grâces, disant ce que j'étais devenu. Sur mon dossier de détenu, on pouvait lire, écrit en lettres rouges : « Attention ! Évasions. A surveiller de près. » Et ces lettres terribles : « Irrécupérable ». Alors, ce directeur, voyant ma façon de vivre, mon comportement après la rencontre, a tout fait pour que je sois libéré. Et c'est grâce à lui, aidé par Dieu, que j'ai pu obtenir une libération conditionnelle, alors que j'aurais dû faire encore de longues années de prison.

Je le remercie et me tourne vers mon Dieu et vers mon bon curé, l'abbé Laïzé. Grâce à eux je suis devenu un homme libre. Désormais je peux témoigner de ce que j'ai reçu dans cette prison, je peux être témoin, petit, petit témoin au service de mon Jésus Christ. Je me dois de le servir, moi, pauvre pécheur, afin que sa récolte soit bonne. Il m'a été donné de contempler cette croix dans ma cellule quand le Christ m'a montré ses plaies et qu'il m'a dit : « C'est aussi pour toi. »

Oh, mon doux Sauveur, par toi, j'ai obtenu miséricorde pour mes fautes, par toi, je goûte à l'amour divin. Tu ne quittes plus mon cœur, toi qui es lumière et vérité. Lumière reçue dans cette cellule. Lumière qui éclaire ma vie pour te servir. Dieu sait utiliser les épreuves pour faire l'éducation des hommes. C'est à la dure école de la souffrance que l'homme s'élève au-dessus du vulgaire.

IX. LE DROIT D'AIMER

L'amour réconcilie

« Êtes-vous prêt à aider votre prochain dans n'importe quelle situation, même dans la plus critique pour vous ? »

Oui, je suis prêt à aider mon prochain dans n'importe quelle situation, même la plus critique pour moi, car la haine divise, l'amour réconcilie. Le Seigneur nous aime sans mesure, et à la mesure de notre amour. Ma mission en ce monde est tracée, c'est la voie de l'amour et de l'abandon. Au-dessus de tous mes droits, j'ai celui d'aimer tous mes frères, parce que j'en ai le devoir.

Parmi eux, qu'ils se trouvent dans n'importe quelle situation, ceux qui me critiquent, ceux qui me montrent du doigt, ceux qui me font du mal. Le Christ m'a indiqué le pardon sans juger mes frères, car le jugement n'appartient qu'à Dieu. Ce jugement est comme un trait essentiel, qui distingue les vrais disciples des autres. Le Christ nous dit : « Si vous aimez ceux qui vous aiment, quelle récompense méritez-vous ? Les publicains n'en font-ils pas autant ? » C'est dans la charité miséricordieuse que Dieu nous associe.

C'est à son corps empli d'amour et de pardon qu'il

me fait participer. Je puise en lui la force de regarder mon prochain. Chacun de nous est membre de son corps. En définitive, Dieu est l'unique artisan du monde. Il crée, il dirige tout l'univers dans l'ordre de la beauté. Chacun de nous y a sa place. La réussite de notre vie est de faire partie de ce plan et de nous y conformer quoi que l'on dise, quoi que l'on pense de toi.

Être disponible à tous nos frères. Il est normal qu'il y ait dans nos vies des moments difficiles, des heures grises, où tout paraît plus lourd à porter. Des peines, la douleur, des contradictions, des incompréhensions, la déception, l'ingratitude, mais le Seigneur ne nous demande pas de gémir ou de s'irriter. Mieux vaut prendre du bon côté la croix qui se présente à nous. Même remercier le Christ. C'est le plus sûr moyen, le plus efficace pour ne pas se laisser écraser par elle.

Pour en tirer le meilleur profit, chaque matin dans ma première prière je dis : « Oh Seigneur Jésus, rends-moi capable de les aimer tous, que je reste ouvert à tous, du plus pauvre au plus riche. En un mot à tous ceux qui ont le plus besoin d'aide fraternelle. »

Les plus démunis

« Avec quels moyens aidez-vous les démunis et les pauvres ? De quoi vivez-vous aujourd'hui ? Où vivez-vous ? »

Dans l'Évangile, il y a le récit de la multiplication des pains (Marc 6,30-45). « Jésus nourrit la foule. » Ils mangèrent tous et furent rassasiés. De nos jours, il y a bien des gens qui sont loin d'être rassasiés. Il y a des gens à qui même le nécessaire manque.

Comment je viens en aide à ces plus démunis, à ces pauvres ? Je dirai : grâce à vous. Quand je viens donner mon témoignage, la seule chose que je demande est un peu de nourriture non périssable et des vêtements à distribuer à ceux que je rencontrerai et qui sont vraiment dans le besoin.

Où je vis ? Je vis au plus près du pauvre. Je vis simplement, et ma plus belle richesse, c'est Jésus Christ, Marie, Dieu. Ils sont mon plus beau, mon plus grand trésor. Je vis dans une cabane aménagée où il n'y avait ni eau ni électricité. Nous avons un groupe électrogène pour la lumière et jusqu'à l'année dernière nous utilisions une cuve pour récupérer l'eau de pluie. Cette cabane n'est pas bien grande et il n'y a pas beaucoup de place pour l'accueil. Il y a quelques années, j'avais eu la possibilité d'obtenir une grande maison de ferme avec de vastes granges. Là j'aurais pu accueillir des familles entières. Il y avait aussi un grand jardin pour faire de la culture et élever des poules, des lapins. J'ai lancé des appels. Hélas, je n'ai pas reçu beaucoup de réponses et mon projet s'est réduit à une petite cabane.

Je voudrais quand même dans ce livre remercier ceux qui m'ont aidé pour cela. Des sœurs de Château-Gontier, grâce auxquelles nous avons pu faire installer l'eau courante en décembre 1995 ; des personnes en Suisse, une association de Gif-sur-Yvette. Et depuis des conférences que j'ai faites en Belgique, je suis toujours aidé par les pères Luc et Dominique. Je remercie aussi Monsieur et

Madame Terrien, de Nantes, ainsi que toutes les écoles qui m'ont donné nourriture et vêtements.

Bien sûr mes moyens restent modestes pour faire face à tant de misère et de pauvreté. Je vois bien souvent des pauvres aider des plus pauvres qu'eux, alors que même l'indispensable leur fait défaut. Voilà pourquoi le Seigneur vous demande, à vous jeunes du troisième millénaire, de faire un monde nouveau, avec plus de partage et de solidarité. N'oublions pas les paroles du Seigneur: « Ce pauvre au coin de la rue, c'était moi. »

Des femmes en prison

« Allez-vous aussi dans les prisons de femmes ? »

Je vais dans les prisons de femmes, car à mon frère détenu s'associe ma sœur détenue. Entre autres, j'ai été à la Centrale pour femmes, rue de Châtillon, à Rennes. Il est un fait certain : c'est que les femmes supportent plus difficilement leur incarcération que les hommes. La femme a davantage le sens de la personne, des rapports entre individus. Le souci des rapports de foi entre l'homme et Dieu. Le trésor d'amour que j'ai reçu et que je me dois de distribuer autour de moi est aussi bien pour mon frère détenu que pour ma sœur détenue. Le Christ nous dit : « ...J'étais en prison. Vous ne m'avez pas visité... » Lui-même l'affirme : « C'est moi ! »

Aujourd'hui comme hier, sa parole vaut : « C'est à moi que vous le faites. »

Je pense que c'est témoigner d'un plus grand respect

pour le Christ que d'avoir toutes les attentions pour nos compagnons de misère. Uniquement sur sa parole.

Chaque fois que je visite mes sœurs et frères en prison, privés de tout, je me souviens des paroles du Seigneur : c'est le Christ que je visite. Bien sûr, ce n'est pas le Christ lui-même. Mais la demande qu'il fait est la demande du Christ et la réponse qu'on lui donne, c'est le Seigneur lui-même qui la reçoit. « Aimez-vous les uns les autres. » C'est sous cet aspect que je pense à Dieu.

Il y a un fait triste que je me dois de dire. Ma sœur détenue, en plus de son manque de liberté, a une souffrance terrible. Si elle entre en prison et qu'elle attend un enfant, cet enfant va naître entre quatre murs. Elle va le garder avec elle pendant quelques mois, mais un jour il faudra la séparer de son enfant. Quand ce moment sera venu, on viendra un matin le lui enlever. Je vous laisse imaginer les cris de cette mère à qui on vient voler son enfant. Je vous laisse imaginer les cris de cet enfant que l'on sépare de sa maman.

Il sera placé à l'assistance publique, la DDASS, dirigé ensuite dans une famille d'accueil. La séparation doit être terrible pour ces mamans. Certaines ne pourront la supporter et chercheront l'évasion dans le suicide. Je pense que cela n'est pas humain. Ne serait-il pas possible que l'administration fasse autrement ? Offrir une chance à cette maman de pouvoir élever son enfant en toute liberté. Pour que cet enfant puisse garder sa vraie maman et être aimé profondément. Mais on lui enlève toute chance d'avoir une maman. Il ne pourra pas se blottir contre elle. Lui donner des baisers, beaucoup de baisers, des caresses et de la tendresse.

Je voudrais crier : « Messieurs les juges, un peu de bonté ! » Une bonté qui se fait miséricorde. Que vous a fait cet enfant pour que vous ayez le droit de le priver du plus beau cadeau de la Vie : avoir une maman ? Souvenez-vous de la parole du Seigneur : « Quiconque fait du mal à un enfant, c'est à moi qu'il le fait. »

Mais la justice des hommes prend plaisir à vouloir passer avant l'amour miséricordieux. Les enfants, le plus beau cadeau de la vie. Le don de Dieu. Ils nous donnent leur sourire, leur confiance. Que la vie est douce lorsqu'un enfant vous offre toute sa tendresse. Mais l'homme ne leur offre que des pleurs. Tous ces enfants séparés de leur maman chercheront désespérément le pourquoi et le comment. Je me tourne vers le Seigneur à qui j'adresse cette prière : « Notre espoir est dans ta présence au milieu de nous. Aide-nous à faire ce que tu veux et à mettre les autres en état de le faire. »

Le pardon

« On vous a pardonné, moi je ne vous pardonne pas. »

(Cette question m'a été posée à deux reprises par écrit. J'ai prié le Seigneur afin de répondre du mieux que je le pourrai en ne trouvant les mots qu'en Jésus Christ, source de miséricorde et de pardon)

Le pardon existe. C'est la source des points les plus importants de la bonne Nouvelle du Christ. Il faut se pardonner mutuellement. Il faut apprendre à se réconcilier. Ce n'est pas forcément oublier ou faire comme si aucun mal n'avait été commis. Pardonner, c'est continuer à accepter l'autre tel qu'il est malgré les torts qu'il a pu avoir. Quand vous dites : « On vous pardonne, mais pas moi », vous allez à l'encontre des commandements de Dieu. Sans pardon, il n'y a pas de prière possible. Souvenez-vous du *Notre Père,* que le Seigneur a enseigné aux disciples qui lui demandaient : « Apprends-nous à prier. »

Dans cette prière, il y a : « Pardonne-nous nos offenses comme nous pardonnons à ceux qui nous ont offensés. » Si vous n'êtes pas baptisé, si vous n'êtes pas chrétien, alors je comprends que vous ne puissiez me pardonner. Mais si vous êtes baptisé, si vous avez reçu cette identité chrétienne, vous vous devez de pardonner. Si vous ne pouvez pas pardonner, vous ne pourrez pas dire le *Notre Père,* ou bien il vous faudra sauter le passage du pardon et vous resterez boiteux dans votre prière. Et puis, un jour, en disant le *Notre Père,* vous oublierez peut-être de sauter ce passage. Alors vous aurez pardonné.

Pardonner, c'est aimer à la manière de Dieu, avec son esprit. Pardonner, ce n'est pas humilier. Là où il y a pardon, l'offensé ne profite pas de sa situation pour refuser toute relation avec l'offenseur. Le pardon est important. Il n'est pas à sens unique. Écoute les paroles du Seigneur :

« Heureux ceux qui travaillent à faire la paix. »

Pensons aussi au texte évangélique de la brebis perdue et retrouvée. « Pardonneur » et pardonné. Dans tout repentir indispensable, c'est l'effet de la grâce qui s'exerce au plus profond de nous pour ranimer notre foi. Le Seigneur nous pardonne et pardonne encore et toujours à ceux qui se repentent. Dieu est pardon. Il pardonne l'offense qui lui est faite. Il pardonne l'offense faite à son fils. L'Amour miséricordieux est la source de toute action en nous. Par miséricorde, il a créé, élevé, sanctifié, racheté et pardonné. Don gratuit du pardon à l'homme. Miséricorde qui s'étend sans exception à tous les hommes de bonne volonté. Amour sincère fait de prière et de pénitence. C'est en s'abreuvant à la source de tout pardon que l'on trouve la vie éternelle. Dans la sainte possession de Dieu. La miséricorde ne veut pas la mort du pécheur mais son amendement.

Après la conférence, une élève en pleurs s'est approchée de moi : « C'est moi qui ai écrit cette question. » Je lui ai dit : « J'espère que cette réponse avec l'aide de Dieu t'a satisfaite et que tu pourras me pardonner ? » Elle me dit : « Cette question ne vous était pas destinée, mais j'avais besoin d'avoir une réponse du Seigneur pour pardonner le mal qu'on m'a fait. Je vous remercie. Par vous, par votre témoignage, le Seigneur m'a éclairée et aujourd'hui je sais que je peux enfin pardonner. » Et cette enfant est partie.

Il faut que j'ajoute que cette enfant avait été violée.

Laissez-les vivre

« Lorsque vous êtes entré dans la salle, j'ai été frappé par votre allure. Franchement je ne vous imaginais pas comme ça. Vous m'avez appris que bien des choses

pouvaient changer dans un être humain. Que celui-ci peut être à la fois bon, méchant, fragile et dur. Je pense que c'est un peu votre portrait. Votre témoignage m'a bouleversé, car maintenant je vois l'importance d'aider une personne en difficulté. Votre action dans les rues, dans les prisons et ailleurs doit continuer car aider les autres, c'est important.»

Chacun de nous est important aux yeux de Dieu. A vous qui serez les apôtres du troisième millénaire, je vous dirai encore de garder vos cœurs d'enfants. Gardez ce cœur d'enfant malgré ce que le monde vous montre d'injustice et d'incompréhension. Vous, vous êtes pardon, amour, partage, justice, car dans toutes les écoles où je suis passé, collèges ou lycées, vous m'avez enrichi, vous m'avez prouvé que vous êtes bien les apôtres du troisième millénaire. Par tous vos faits et gestes, vous êtes bien les apôtres du temps présent. Vous nous montrez, à nous les anciens, ce que nous n'avons pas su faire.

Il est vrai que dans une école vous établirez le carré du pauvre. Chacun apportera un repas selon ses moyens pour aider son prochain. Vous êtes bien partage. Dans une autre école, les élèves se motiveront pour confectionner des colis pour les prisonniers. Ils établiront des liens, des correspondances. Certains élèves même accueilleront des sortants de prison dès leur sortie, là où personne d'autre ne les attendra. Ils leur offriront leur sourire, une main tendue. Vous êtes bien pardon et réconciliation.

Je me souviens de ce détenu, il y a bien longtemps

maintenant, lorsque j'avais fait une conférence dans une prison à Bordeaux. Un jeune détenu s'était levé dans la salle et m'avait dit :

– Le type dont tu parles, je veux bien y croire. Mais je vais sortir dans quelques mois. Qui me tendra la main ? Qui me sourira ? Dis à ton mec, ce Jésus, qu'il soit devant la porte.

Le soir, je donnais une conférence publique et j'ai demandé aux personnes si elles pourraient aller devant la porte de la prison à la libération de ce garçon. Quelques mois plus tard, c'est le jour de sa libération. Devant la porte de la prison, il y avait beaucoup de monde, il y avait aussi des élèves. Personne n'avait oublié. Quand cet homme est sorti, qu'il a vu ce monde, il s'est frayé un chemin à travers eux pour venir jusqu'à moi et chacun lui a souri, lui a tendu la main. Cet ex-détenu, qui n'était pas croyant, va tomber à genoux et en me regardant il va me dire :

– Oui, désormais, je crois en ce type dont tu m'as parlé. Ce Jésus.

Par la suite, cet homme fera son chemin. Il se fera baptiser et il fondera une famille.

Vous êtes bien les apôtres du troisième millénaire.

D'autres élèves iront demander un temps d'antenne à la radio. Ils l'obtiendront et le titre de leur émission sera : « Laissez-nous vivre. » J'ai fait avec eux la première de cette émission et j'en suis le parrain. Oui, laissez-les vivre, laissez-les parler. Laissez-les nous dire, laissez-les nous apprendre ce que nous n'avons jamais su faire. Laissez-les développer leurs idées sans vouloir les influencer avec les nôtres, car alors rien ne pourra changer. Il faut, c'est certain, que les parents soient vigilants, mais il faut aussi la discussion, le contact, le dialogue avec l'enfant. Il a des choses à créer, à nous apprendre, à nous montrer. Laissez-les vivre, pour qu'ils nous enseignent l'amour du partage. Certains de vos enfants, un jour, seront médecins, chefs d'entreprise, ouvriers, peut-être même ministres, peut-être même un de vos enfants sera président de la République. N'oubliez pas que tous ces grands hommes, un jour, ont usé leur pantalon sur les bancs d'une école. Oui, laissez-les vivre, ces apôtres du troisième millénaire, pour un monde nouveau.

Ils établiront dans une chapelle, dans une salle abandonnée, une soupe populaire. Apôtres du troisième millénaire, apôtres du temps présent, vous aidez les autres, c'est très important. N'oublions jamais cette parole du Seigneur : « Tout ce que vous faites en faveur de ces petits, c'est à moi que vous le faites. »

A vous parents, je dis : laissez-les vivre. La liberté est un don magnifique de Dieu. Le Christ est venu nous communiquer la liberté. Mais la vraie liberté ne nous est pas donnée toute faite. Elle est une conquête de tous les jours. Un effort de tous les instants. Elle suppose un affranchissement des servitudes qui enchaînent l'homme à soi-même et un don de soi à Jésus Christ. Pouvoir dire : « Je me suis attaché à lui comme à un unique nécessaire. »

X. LA JUSTICE

La peine de mort

Beaucoup de questions m'ont été posées concernant la peine de mort. Les voici regroupées :

« Que pensez-vous de la peine de mort ? »

« Êtes-vous pour ou contre la peine de mort ? »

« Merci, André, de transpirer du Christ. 60% de la population sont pour la peine de mort. Je pense que toi tu dis non, n'est-ce pas ? »

« Que faire et que dire devant la révolte de l'opinion publique en faveur de la peine de mort ? »

« Aujourd'hui, êtes-vous pour la peine de mort dans le cas de ceux qui violent et tuent des enfants ? Quelle peine infligeriez-vous à ces hommes ? »

Je réponds avec fermeté. Je suis contre la peine de mort pour la raison suivante : Dieu seul a le pouvoir de donner la vie et de la reprendre. Je suis chrétien. Dieu nous donne des commandements. N'oublions pas celui-ci : « Tu ne tueras pas. » Je suis donc contre la peine de mort. Mais il est certain que je suis terriblement malheureux lorsqu'un homme tue un autre homme ou quand des hommes lâchement tuent des femmes ou des enfants. Je n'approuve pas du tout ces gestes, qui fauchent des vies. Mais étant chrétien je n'ai pas le droit d'être pour la peine de mort.

Même si je suis contre ces gestes, j'aime tous mes frères, quelle que soit leur condition humaine. La justice de l'homme ne peut exister que si elle s'incarne dans des institutions stables et efficaces. Dieu est un Dieu d'amour. Chacun de nous est aimé de Dieu. Cet amour de Dieu pour chacun de nous fait de nous un monde de frères. Les hommes sont solidaires dans le bien comme dans le mal. Il s'agit d'assurer le bien personnel de tous. Aucun chrétien n'a le droit de prendre parti pour la peine de mort. Il doit, à cause de sa religion, être contre, par respect des commandements de Dieu. Tous doivent se reconnaître responsables. Toutes nos blessures guériront seulement au ciel. Car toute haine divise. Seul l'amour est réconciliation. C'est à cause de l'homme que le mal apporte le péché, appelle le châtiment. Dieu reste seul juge. Si la justice des hommes a ses raisons d'être, combien plus encore la miséricorde de Dieu a-t-elle le droit d'exister. Cette espérance d'amour permet l'acceptation du réel.

Si douloureux, si lamentable qu'il soit, l'homme, quand il commet ces crimes, ne pense pas à la peine de mort. Je peux vous certifier que ce sont les longues années de prison qui font prendre conscience à l'homme, qui le font réfléchir au mal qu'il a commis.

La peine de mort, j'en citerai quelques exemples. Il y a tous ces hommes exécutés, qui étaient innocents. Il y a ces détenus qui choisissent eux-mêmes la peine de mort par le suicide. Dans mon premier livre, *La Prison du rendez-vous*[6], je parlais de mon copain Bulle. Après ma sortie, lors d'une conférence à Paris, une personne de sa famille est venue me voir et m'a dit :

– C'est de mon cousin dont vous parlez.

Je racontais notre longue amitié. Il a été libéré de Château-Thierry après dix années de prison. Mais il n'a pas pu supporter le mal qu'il avait fait et, seulement quelques mois après sa libération, il s'est suicidé. Il s'est donné lui-même la peine de mort.

Il y a aussi ces détenus qui viennent de purger leur peine, de longues années de prison, et qui, quelques jours avant leur libération, par remords ou par peur d'affronter le monde extérieur, choisissent le suicide. Il y a tous ceux qui se suicident au cours de leur détention. Ils n'acceptent pas ces longues années de prison, ils se font justice eux-mêmes. D'autres encore choisissent de mourir juste après avoir commis leur méfait.

Et j'ajouterai que lorsqu'on est contre la peine de mort, on est aussi contre l'avortement, car l'avortement n'est ni plus ni moins que l'assassinat légal d'un enfant innocent.

Il n'y a pas si longtemps, quand j'étais encore en centrale, j'ai rencontré des détenus qui avaient été

[6] Nouvelle Cité, Paris 1983.

condamnés pour avoir pratiqué des avortements, car à l'époque l'avortement était encore illégal. Il était considéré comme un meurtre. Mais désormais la loi permet de tuer légalement un enfant dans le sein de sa mère. Cela est permis à l'homme par les lois de l'homme, mais ce n'est pas permis par Dieu, par ses commandements. Attention à la justice de Dieu, car il est écrit : « Quiconque fait du mal à l'un de ces petits, c'est à moi qu'il le fait. » Je pourrais citer de nombreux témoignages.

Par exemple, une maman qui avait deux enfants se trouvait être enceinte d'un troisième. Cela était gênant, embarrassant, pour elle. Elle ne désirait pas le garder. Elle a été voir un docteur, accompagnée de ses deux petits, pour lui demander de pratiquer un avortement. Le médecin a parlé longuement avec cette maman pour la dissuader d'avorter mais rien n'y faisait. Alors, ce médecin s'est tourné vers les deux enfants et a demandé à la mère lequel il devait tuer. La maman a hurlé : « Mais je ne vous ai pas demandé de tuer un de mes enfants, vous êtes un monstre ! » Alors, le médecin l'a regardée et lui a dit que c'était elle le monstre, car elle lui demandait la peine de mort pour l'enfant qu'elle attendait. Elle lui demandait d'assassiner l'enfant qu'elle portait. Cette maman a regardé le médecin et s'est mise à pleurer et a serré ses deux petits contre elle. Elle est repartie et elle a gardé son troisième enfant. Elle a pris conscience que l'enfant qu'elle portait était un don de Dieu au même titre que les deux autres et qu'un jour cet enfant aurait le même âge.

Un enfant, dès l'instant où il est conçu dans le ventre

de sa mère, est un enfant à part entière. Il est, dès sa conception, vivant. Il est enfant voué à naître, à vivre, à exister. Car Dieu seul donne l'enfant. Dieu seul a droit de vie ou de mort sur ses créatures.

La peur de la mort

« Comment se fait-il que, moi et même beaucoup d'autres, nous ayons peur de la mort, qui reste un grand mystère pour nous ? Comment se fait-il que nous ressentions ce vide immense quelquefois autour de nous quand une personne, un être cher, disparaît ? Croyez-vous à la résurrection ? »

La résurrection du Christ est la garantie, est l'exemple de notre résurrection future. Le Christ est bien vivant, ressuscité. Mes yeux ont vu, mes oreilles entendu, le 12 juin 1969. Il nous suffit de savoir que nous ressusciterons pour une vie éternelle, telle est l'assurance qui doit nous animer. La mort n'est rien. Notre espérance, c'est le Christ ressuscité. Vivons avec lui et pour lui. Comme nous le ferons plus tard dans l'éternité. Le mystère de la croix est au centre du christianisme. Il le domine et l'éclaire par notre baptême. Les disciples du Christ ont été incorporés au Christ pour participer au mystère de la passion et de la résurrection du Sauveur.

Il est certain que, lorsqu'on perd un être cher, on n'a plus le goût à la vie. Les larmes coulent, le cœur saigne, la séparation est douloureuse. Heures sombres. Mais c'est une grande chose que la mort. C'est une heure solennelle.

Je me souviens, quand j'étais à Villefontaine, de cette famille de Maurice et de Martine. Ils avaient un bébé de sept ou huit mois. Une nuit, alors qu'il dormait dans son berceau, à côté de ses parents, il va retourner vers le Seigneur. Il va s'étouffer pendant son sommeil. Ses parents qui dormaient à côté de lui n'ont rien entendu. Au matin, ce fut le drame. Cette séparation était douloureuse. Je me souviens de l'office, quand on a enterré cet enfant. Je me souviens de Martine, penchée sur le cercueil de son enfant mort, criant :

– Oh Seigneur, je crois en toi. Je sais que tu es résurrection et vie. Je sais que tu as ressuscité plein de gens au temps de ta venue en ce monde. Je te le demande, ressuscite mon enfant. Je t'implore, ressuscite mon enfant.

Le prêtre qui célébrait l'office, voyant cette mère crier, a dit :

– Qu'on la fasse taire !

Je me suis avancé vers elle, je l'ai prise dans mes bras et le Seigneur m'a enseigné la réponse à ses appels :

– Martine, ton enfant est ressuscité.

Elle a ouvert de grands yeux et elle a pleuré. Par la suite, son enfant est ressuscité. Il est dans le sein du Seigneur.

Martine, quelques mois plus tard, a accouché d'un nouvel enfant. Au moment de l'enterrement, elle était enceinte de quelques semaines et ne le savait pas.

La mort d'un être cher est toujours douloureuse. Mais lorsqu'un enfant, une personne aimée, s'absente pour des vacances à l'étranger, pour son travail, ou habite loin de nous, on est inquiet, on veut avoir de ses nouvelles, on attend son retour avec impatience. Et à son retour, quelle joie ! La mort, c'est cela, une séparation momentanée. L'espérance demeure. La résurrection marque le triomphe du Christ. Sa victoire sur la mort. C'est souvent ceux qui ont le plus peur de la mort durant leur vie qui n'ont plus cette crainte quand leur heure arrive.

Je pense à cette grand-mère que j'allais trouver dans un hôpital de la région lyonnaise. Elle avait terriblement peur de la mort. Pendant des mois, je lui ai rendu visite, lui disant un peu ce que je viens de vous dire. Je me suis absenté quelques mois pour mes conférences et mon travail dans la rue. A mon retour, je voulais aller la trouver. Mais l'infirmière m'a fait savoir qu'elle était décédée depuis quelques jours. Moi aussi, la tristesse pour un temps a envahi mon cœur. J'ai voulu savoir comment elle était morte. L'infirmière m'a rassuré en me disant :

– Soyez tranquille. Toutes vos visites, pour elle qui n'avait plus de famille, lui ont été bénéfiques. Elle est morte avec le sourire.

Ma tristesse venait de disparaître. Cette femme avait fermé les yeux sur ce monde pour sourire à l'éternité de Dieu. Pour nous, chaque jour, en faisant notre chemin de croix, il faut se recommander à Jésus Christ et à la sainte vierge Marie pour le moment de notre agonie et du jugement dernier. Avoir la conviction qu'ils seront là pour nous aider.

Gardons toujours présentes les paroles du Seigneur : « Ne craignez pas la mort. J'ai vaincu la mort. » Le Seigneur Jésus Christ a aboli la peine de mort. Notre mort a été ensevelie dans la sienne. Lorsque tu regardes la croix et son fruit, l'amour crucifié, loin de t'assombrir, la pensée de la mort doit épanouir ton âme. Le jour de ta mort sera ton véritable jour de naissance. La résurrection et l'ascension sont à la fois un couronnement et un commencement.

Les autres religions

« Que pensez-vous des autres religions ? Que pensez-vous des musulmans ? »

Le jour de ma grande rencontre, le Christ m'a dit : « Ne crains pas. Je suis ton Dieu, le Dieu de tous les hommes. »

A la création du monde, l'homme a été fait à l'image de Dieu. Dans le discours après la Cène, le Christ n'a-t-il pas dit, pour exprimer la perspective essentielle de la vie de ses disciples comme de la sienne : « Comme le Père m'a aimé, moi aussi je vous ai aimés. Comme je vous ai aimés, aimez-vous les uns les autres » ?

De ce « aimez-vous les uns les autres », il n'y a pas une seule religion, il n'y a pas que le chrétien. Il y a les hommes du monde entier. Quelle que soit leur condition, quelle que soit leur religion. Dieu est un Dieu unique. Il n'y a pas un Dieu pour chaque religion. Il n'y a qu'un seul Dieu, créateur de la terre, de l'univers et de tous les hommes. Chacun l'aime et l'adore à sa manière dans sa propre religion. Il suffit d'être sincère envers Dieu.

Le devoir d'aimer Dieu et son prochain, c'est toute la loi. Il ne nous demande pas d'aimer seulement telle ou telle personne. Il nous demande d'aimer tous les hommes de la terre, qui sont tous nos frères. « Tu aimeras le Seigneur ton Dieu de tout ton cœur, de toute ton âme, de tout ton esprit, de toutes tes forces. Tu aimeras ton prochain comme toi-même. » N'est-ce pas là toutes les religions ? Dieu est amour. Il faut l'aimer et le faire aimer. Dieu est un cœur. Aimons tous nos frères, quelle que soit leur religion. Du même amour que Dieu nous aime. Nous ne pourrons, sans doute, jamais aimer autant que nous sommes aimés. Nous pourrons du moins chaque jour aimer un peu plus en nous efforçant d'être toujours plus sincères, tout pour Dieu et tout pour nos frères.

Ne condamnons pas telle ou telle religion. Quelle justice pourrait se dire assez sage pour oser prononcer des condamnations sans appel ? Nous, chrétiens, nous sommes mêlés aux autres religions. Travaillons avec les autres hommes. Ensemble nous pouvons construire et enseigner. Avec eux, essayons même de refaire un monde où l'homme soit respecté. Dieu nous a créés pour vivre ensemble. Solidaires. Un vivant n'est disciple que s'il communique la vie qui est en lui. Un chrétien n'est disciple du Christ que s'il communique la foi, l'espérance, la charité, qui le font vivre. Cette fidélité au Christ est indissociablement amour de tous les hommes.

Le Christ à la vue des foules a eu pitié. Ils étaient comme des brebis égarées. Alors il a dit à ses disciples : « La moisson est abondante mais les ouvriers peu nombreux. Priez donc le maître de la moisson d'envoyer des ouvriers à la moisson. » En effet, notre devoir de chrétiens, c'est de proclamer l'Évangile, d'être les témoins de notre Seigneur Jésus Christ. Car, si nous avons tous le même Dieu, il y a aussi Jésus Christ: sans lui, rien n'est possible. Il a dit: « Tout pouvoir m'a été donné au ciel comme sur la terre. Allez donc, de toutes les nations faites des disciples, baptisez-les au nom du Père, du Fils et du Saint-Esprit, leur apprenant tout ce que je vous ai prescrit. Moi, je suis avec vous tous les jours, jusqu'à la fin des temps. » Dans nos âmes, doit retentir sans cesse la phrase de Jésus Christ: « Vous êtes le levain de toute la pâte humaine. »

L'Évangile est un amour à révéler. Un amour qu'il nous faut vivre. Pour susciter la foi en l'amour dont Dieu nous aime tous. L'amour dont il faut nous aimer les uns les autres. Que chacun prenne le souci de ses frères.

Témoignez du Christ ressuscité, en dehors duquel il n'est pas de vie spirituelle. Il a élevé chaque homme à la dignité de fils de Dieu. Il veut rassembler tous les hommes dans l'unité de son corps mystique. Alors, au bout de la route, on pourra distinguer le fils de l'homme, qui reviendra du plus lointain des temps, chargé du passé de l'humanité. Il pourra enfin présenter à son Père tous ses frères humains conquis par l'amour. Afin que Dieu soit tout en tous.

Le racisme

« Que pensez-vous du racisme dans le monde ? »

Le racisme est une honte, une stupidité ! Toute forme de racisme est inacceptable car Dieu nous demande dans ses commandements de nous aimer les uns les autres comme il nous a aimés. Nous sommes tous frères. Si nous méprisons un frère, qu'il soit noir, blanc ou jaune, nous sommes en contradiction avec l'enseignement de Jésus Christ.

La ligue des droits de l'homme ne dit-elle pas que tous les hommes, quelle que soit leur race, sont en tous points égaux en dignité et en droit ? Il faut respecter nos frères, respecter leurs coutumes, leurs mœurs, leur religion. Ne jamais oublier que dans l'autre, quelle que soit sa couleur de peau, le Christ est présent comme en nous. Par Jésus Christ, nous ne formons qu'une seule famille. Il nous faut donc prier très fort pour l'unité de toutes les couleurs. Afin que nous soyons tous consumés dans la flamme vive de l'amour du Christ.

Tournons-nous vers cette croix qui a sauvé tous les hommes. Embrassons cette croix chaque jour avec ferveur. Par le Christ et ensemble nous pourrons changer la face du monde. Le Christ est le même pour tous. En effet, nous sommes tous les créatures du même Dieu. Fils du même Père. Citoyens du même royaume céleste. Tout homme doit jouir de la même dignité et des mêmes droits essentiels.

« Faites à autrui ce que vous voudriez qu'on vous fasse à vous-mêmes » (Matthieu 7,12).

XI. LE SECRET DE LA SAINTETÉ

L'Esprit Saint

« Pouvez-vous nous expliquer l'importance de l'Esprit Saint dans la vie spirituelle d'un chrétien ? »

Le chrétien est quelqu'un qui est habité par l'Esprit. Chaque baptisé peut dire en vérité : « L'Esprit de Dieu m'a consacré. Il repose sur moi. » Je peux dire à quel point le mystère du Saint-Esprit est au cœur même de toute vie chrétienne.

Le rôle de l'Esprit Saint dans la vie spirituelle de chaque chrétien est important. Le chrétien est un homme pénétré de l'amour de Dieu. Un chrétien, né de Dieu, est composé d'une âme, d'un corps et d'Esprit Saint. Un homme nouveau, qui a reçu le souffle saint. Une vie, la vie divine éternelle, qui descend mystérieusement au plus profond de notre être. Pour nous sauver et nous transfigurer.

Il y a eu le premier Adam, animé de ce souffle qui vient de Dieu, mais il ne pourra éviter la corruption ni la mort. Gloire à toi, Seigneur, car il y a depuis Pâques un second Adam, image parfaite de Dieu. Le Christ ressuscité qui, au calvaire, a été envahi d'un souffle de vie céleste, sur lequel la mort n'a plus d'emprise. Ce souffle n'est autre que le « saint souffle », le Saint-Esprit (1 Colossiens 15,40-49). L'essentiel du mystère du Saint-Esprit nous est révélé là. Il est souffle indispensable, qui nous vient du Christ ressuscité.

Je vous invite à prier l'Esprit Saint. Pour qu'il agisse en réalité et permanence dans l'Église et en chacun de ses membres comme maître et comme principe de vie, pour qu'il accomplisse en nous son œuvre vivifiante et éducatrice. Alors, nous serons guidés, éclairés. Alors, heureux de cet Esprit Saint, nous serons consolés au milieu de nos peines. Car les grâces reçues seront proportionnées à l'épreuve. Le fardeau sera plus léger. La route moins pénible nous permettra d'arriver chargés de mérites à la porte de l'éternité.

L'Esprit Saint nous est donné, souffle du Ressuscité, souffle de l'enfance de Dieu en nous. Il nous fait respirer l'air de l'éternité. En lui, nous annoncerons au monde la vérité. Esprit d'amour. Chaque jour de notre vie, il nous faudra rendre grâce pour l'Esprit Saint qui nous a été donné. Esprit créateur. L'accueillir chaque matin à notre réveil. Cela nous donne une liberté toute neuve, un puits de joie, de confiance, où puiser abondamment. Tout au long de la vie.

« Être soumis au Saint-Esprit, c'est le secret de la sainteté. »

La revanche

« Comment et avec qui avez-vous appris à lire et à écrire ? »

Je vous ai déjà dit que lorsque j'étais enfant je ne suis pas vraiment allé à l'école, et lorsque j'y suis allé, ça s'est très mal passé, je n'ai rien appris. Puis, il y a eu toute ma vie de délinquance et la prison. Après ma grande rencontre, je me suis remis à étudier et j'ai obtenu un certificat d'études à l'âge de 38 ans. J'ai suivi des cours par correspondance et j'ai passé un examen en règle avec mention Bien. Ce fut ma revanche sur un passé désastreux.

Thérèse et Pranzini

« Quelle est la plus grande grâce que Dieu vous ait accordée après votre rencontre et votre conversion ? »

Je dirais : tout est grâce. Mais l'une des grâces qui m'ont le plus marqué, ce fut à Paray-le-Monial, le 7 août 1989.

Pendant de nombreuses années, j'ai porté au cou un petit chapelet avec une médaille représentant sainte Thérèse de Lisieux. C'était mon ami Bulle qui me l'avait offert le lendemain de ma grande « rencontre ». A diverses reprises j'ai eu l'impression que par des circonstances de la vie de tous les jours la petite Thérèse me faisait un clin d'œil.

Or, ce jour-là, quelqu'un m'a donné la possibilité de

voir le crucifix que Pranzini a embrassé avant de quitter ce monde. Vous allez me demander : qui est ce Pranzini ? Et qu'a-t-il à voir avec la petite Thérèse ?

Thérèse, toute sa vie, a eu un grand désir de participer au salut de tous les hommes et en particulier à celui des grands pécheurs. Pranzini était un criminel condamné à mort. Thérèse a beaucoup prié pour lui. Elle se préparait à entrer au Carmel de Lisieux. Alors qu'elle lisait un journal de son père, qui relatait les méfaits de ce bandit, un seul cri a jailli de son cœur :

– Il sera mon enfant, mon premier enfant.

Elle a prié et jeûné pour sa conversion. Thérèse veut prouver que la miséricorde de Dieu est infinie. Que la prière et le jeûne peuvent à eux seuls changer une vie.

Dans les secondes qui précédèrent son exécution, on présenta à Pranzini un crucifix. Il l'embrassa et se convertit. Puis il partit vers le Seigneur. C'est ce crucifix que j'ai pu regarder et embrasser moi aussi le 7 août 1989. La petite Thérèse m'avait fait un nouveau clin d'œil.

Pour les grâces que j'ai reçues, il y a aussi tous les remerciements d'enfants, de jeunes, d'élèves, de parents. J'en retranscris quelques-uns dans les pages suivantes. Il y a tous ces élèves qui viennent me voir, me remercier de vive voix ou me dire :

– C'est la première fois que pendant un cours d'une heure je ne parle pas !

Les voilà, les grâces. Être attentif au message du Seigneur. Ma mission sur la terre est de l'aimer et de le faire aimer. Toute rencontre devient une prière.

Quelques lettres de remerciement (extraits)

« Je vous remercie pour ce témoignage et je souhaite vivre ce que vous vivez. »

« Je n'ai pas de question à te poser, mais je trouve super la façon dont tu parles de Dieu. »

« Cher André, quand vous êtes entré dans la salle, j'ai été surprise par votre démarche et votre style. Oui, je dois vous le dire, je ne vous imaginais pas du tout comme cela. Mais j'ai remarqué que derrière votre allure de caïd se cachait un autre homme. »

« Cher André, je ne sais comment vous remercier d'être venu faire votre conférence vendredi dernier. Elle m'a beaucoup plu. Ce que j'ai le plus apprécié était la nuit de votre apparition. Quand je pense que vous êtes encore resté six ans en prison sans vous lasser ! Et ce que j'ai beaucoup aimé était les relations avec votre bon curé. Heureusement que vous l'avez rencontré car peut-être sans lui rien n'aurait changé en vous. Je n'ai pas retenu la date de votre apparition mais ça n'a pas d'importance. J'espère que vous vous reposez bien car vous devez être fatigué avec toutes vos conférences. Je vous assure de mes prières et je pense à vous. »

« Cher André… quand vous avez raconté l'histoire du tunnel que vous aviez fait avec des copains comme dans « La grande évasion », ça m'a impressionnée de voir que

des choses d'un film pouvaient être réalisées. Quand vous avez dit les dimensions de votre prison je me suis dit que ça devait être invivable. Est-ce que vous avez mis beaucoup de temps à vous y habituer ? J'ai trouvé merveilleux le moment où vous avez raconté votre apparition. Ce que vous avez dû ressentir devait être inexprimable ! Par qui avez-vous appris que vous aviez été baptisé ? Vous êtes continuellement en conférence ? N'avez-vous aucune adresse où l'on pourrait vous écrire régulièrement ? Quelle a été la plus grande souffrance que vous avez ressentie avant votre conversion et après ? Pourvu que ces questions ne soient pas trop indiscrètes ! Encore mille fois merci pour votre conférence qui m'a apporté beaucoup de choses. »

« André, tout d'abord je vous remercie pour votre témoignage qui m'a beaucoup touchée.
Je pense qu'il faut avoir du courage pour raconter tous ces faits, les vôtres et surtout votre passé, et vous en avez beaucoup. Vous avez aussi beaucoup de mérite, pour venir en aide à des familles pauvres ou démunies.
Ce qui m'impressionne, c'est votre découverte de la foi. Je ne peux vraiment pas y croire et cela, je pense, ne peut rien changer en moi.
Malgré cela, votre témoignage a retenu toute mon attention, il a été très émouvant... C'est tellement dur d'accepter des pardons, enfin, c'est ce que je pense.
Merci d'être venu témoigner. »

La prière

- *« Quand vous parlez, pourquoi fermez-vous les yeux ?*
- *Parce que vous priez ? Si oui, pourquoi priez-vous ? »*

Si vous ouvrez l'Évangile, vous pouvez y lire les préceptes du sauveur Jésus Christ. « Il faut prier, toujours prier. »

Mon témoignage est une prière à Dieu. Pour le remercier, l'aimer et le faire aimer. Si la prière est nécessaire, ce n'est pas afin que Dieu connaisse nos besoins. Il les connaît sans qu'on les lui dise. C'est bien plutôt pour que nous ne les ignorions pas. Je viens donner un témoignage qui montre, forte et fidèle, l'étonnante liberté de Dieu. Je ne viens pas convertir. Je viens semer l'amour, la miséricorde de Jésus Christ, pour les faire germer dans vos vies de jeunes du troisième millénaire avec les couleurs de l'espérance pour un monde nouveau.

Oui, je prie, pour Dieu. Pour vous, pour les autres. Prier, c'est une confiance en Dieu. Qui sait tout. Qui voit tout. Car la prière, c'est l'entretien de notre âme vivante avec notre Dieu vivant. Dieu n'est pas un Dieu lointain. C'est un Dieu proche. Il est à l'écoute de nos cœurs pour y découvrir les murmures secrets. Attentif à y découvrir un appel vers lui. Il se penche vers chacun de nous. Levez donc les yeux et vous rencontrerez la face de l'ami qui cherche votre regard. Alors, tu pourras entendre, tout comme moi :

– Tout ce que tu es, tout ce que tu as, vient de moi. Y compris ta liberté. Je te laisse une large marge d'initiative. Profites-en pour me faire hommage de ce que je t'ai accordé. Deviens apôtre du troisième millénaire. Va semer l'amour pour que la folie de l'amour soit contagieuse. Pour qu'elle se propage autour de toi. Pour qu'elle contamine les hommes du monde entier. Pour que l'amour s'étende au monde. Avec plus de partage, de paix et de justice.

Dans la mesure où vous, jeunes du troisième millénaire, vous ferez la volonté de Dieu, la terre deviendra le vestibule du ciel. S'il y a joie pour le ciel, il y a paix pour la terre. L'essentiel, c'est l'écoute de Dieu dans la prière.

Je pleure du manque d'amour

« Depuis que vous êtes chrétien, pensez-vous que votre vie a un sens ? Est-ce que vous ne souffrez pas d'avoir vu Jésus ? »

Je suis franchement heureux d'avoir vu Jésus, car le loup en une nuit est devenu agneau. Mais il est vrai que je souffre terriblement, non pas d'avoir vu Jésus, mais avec Jésus, pour Jésus.

Je souffre de mes souffrances personnelles. Je souffre de la souffrance des autres : des gens malades, des enfants abandonnés, des vieillards que l'on oublie dans un hospice comme un vieux balai dans un coin.

Je souffre du manque de foi. Même, chez certains chrétiens, du manque d'amour. De tous ces « compartiments » chrétiens, des divisions entre chrétiens dans l'Église. De tous ces croyants en Dieu qui font la guerre au nom de Dieu. Des églises séparées alors qu'elles adorent le même Dieu.

Du manque de partage avec le pauvre. De celui qui meurt de faim alors qu'un autre meurt d'avoir trop mangé. De tous ces sans-abri qui n'ont pour maison qu'un pont, une bouche de métro, un porche, un carton, alors que d'autres ont deux ou même trois maisons. Je souffre de ce pauvre qui mendie au coin d'une rue alors que d'autres passent devant lui et l'ignorent. Je souffre de tous ces gens qui n'ont pas de quoi se vêtir alors que d'autres changent de vêtement chaque jour sans jamais porter deux fois le même ensemble.

Je souffre du manque de solidarité entre les hommes. Je souffre de voir tous ces gens, hommes, femmes et enfants, qu'on assassine au nom de quoi ? Je souffre pour mon frère détenu que l'on montre du doigt à sa sortie de prison, pour qui rien n'est facile, pour qui se réinsérer peut même être impossible.

Pourtant, l'amour de Jésus pour nous est un amour miséricordieux qui efface tous les péchés du monde. Il est le serviteur de tous, des pauvres et des riches, des petits et des grands, des blancs et des noirs, des hommes libres et des détenus.

Dieu a voulu réconcilier en son fils Jésus tous les hommes. Elle est essentielle, capitale, cette notion de la réconciliation. Avec le Christ, l'unité que le péché avait brisée a été refaite. Unité avec Dieu et dès lors unité des hommes entre eux. Unité de l'homme en lui-même.

Le Christ est le représentant juridique de tous les hommes devant Dieu. En lui, Dieu se donne aux hommes pour les sauver. Pour leur pardonner. Pour leur communiquer sa vie. Nous sommes dans la lumière de la charité. La volonté de Dieu, c'est que nous nous aimions les uns les autres. Rien ne devrait échapper à l'amour. C'est l'amour qui doit rimer avec solidarité et partage. Avec fraternité et respect.

Le Christ ressent personnellement la peine de chacun. Il fait sienne toute tristesse. Il se met à notre place. Son cœur est vibrant de tendresse pour l'humanité. Il nous appelle au partage de sa croix. Ce sont des appels à partager plus intimement sa vie. En attendant de partager plus triomphalement sa gloire.

La grande misère du monde, c'est le manque de foi. Qui a pu entendre le cri du Christ en croix : « J'ai soif » (Jean 19,28) sans comprendre qu'il s'agit non seulement de la soif de ses lèvres mais surtout de la soif de son cœur ? La soif des âmes à éclairer et à réconforter. La soif de l'humanité à sauver.

Nous ne serons sauvés, nous n'obtiendrons vraiment la paix, qu'en voulant Dieu d'abord et son règne en nous et en chacun de nos frères. Jésus a pleuré devant le tombeau de son ami Lazare. Croyez-moi, Jésus pleure du manque d'amour dans ce monde. Nous ne pourrons sans doute jamais aimer autant que nous sommes aimés. Essayons quand même d'aimer chaque jour davantage, avec plus de sincérité. Avec tout mon cœur pour Dieu. Avec tout mon cœur pour mes frères.

XII. APÔTRES DU TROISIÈME MILLÉNAIRE

La miséricorde

« Quelle est votre action auprès des détenus ? »

Quand je rends visite à mes frères détenus, je viens d'abord les aimer et les faire aimer. Ils sont mal aimés et rejetés par la société. Rejetés par la famille. Je rentre dans la prison avec ces quatre mots : amour, paix, pardon, réconciliation. Sans cesse je me souviens des paroles du Seigneur : « C'est à moi que vous l'avez fait. »

Je viens les aimer, les faire aimer, établir des contacts entre ceux de dehors et ceux de dedans. Le Seigneur les aime tout autant les uns que les autres. Sa volonté est que nous soyons tous rassemblés dans le Christ. C'est pour cette raison que je viens voir mes frères détenus.

Je ne viens pas à l'intérieur des prisons pour convertir, comme je ne viens pas non plus dans les écoles, les collèges, les lieux publics, pour convertir. Non. Je viens donner un témoignage d'espérance. Je viens semer, je suis un semeur. Je viens leur parler d'amour. A ceux qui n'ont jamais été aimés, à ceux qui sont frappés, montrés du doigt et « mis à mort », je viens distribuer l'amour. Cet amour que j'ai reçu et que je me dois de partager.

Ce n'est pas toujours facile, car je prends bien quelques

coups de pied aux fesses, mais cela fait partie du voyage et je remercie le Seigneur. Je suis pécheur, un pauvre pécheur. Mais je me sens bien auprès de mes chers détenus car je suis des leurs. Dans ma vie, j'ai fait le même parcours qu'eux, le même voyage. J'aime mon frère détenu, quelle que soit la condition dans laquelle il se trouve, quels que soient ses délits. Il est mon frère en Jésus Christ.

Aimer. C'est cela le premier pas vers la conversion. Mon partage de l'appel de Dieu avec les autres détenus ne date pas seulement du jour de ma libération. Non. Il date du jour de ma « rencontre ». Du jour où, dans cette cellule, il est venu me saisir, me guérir. Il m'a enseigné que ma guérison n'était pas seulement pour moi mais pour l'autre. C'est pour cette raison qu'il m'a fallu crier à travers mes barreaux. Témoigner de ce que j'avais reçu pour qu'ils obtiennent eux aussi la même miséricorde.

Quand je passe une porte de prison, mon regard reste tourné vers la colline du Calvaire, où il y a trois croix. Où la lumière infinie du Verbe brille au sein de la souffrance de Jésus. La paix de Dieu habite son cœur. Il ne pense pas à sa propre douleur. Il pense à l'homme. Il pardonne. Il offre le paradis au brigand. Il nous donne sa mère.

Chaque fois que vous penserez à un détenu, chaque fois que vous croiserez un sortant de prison, souvenez-vous des paroles du Seigneur : « C'est à moi que vous l'avez fait. » Souvenez-vous aussi des paroles de Jésus en croix : « Père, pardonne-leur, car ils ne savent pas ce qu'ils font. » La première parole du Christ en croix est une parole d'immense miséricorde pour le monde.

Voici ta mère

« Vous ne parlez pas beaucoup de la sainte Vierge dans votre témoignage. Quelle place a-t-elle dans votre vie ? »

Si je ne parle pas beaucoup de la sainte Vierge dans mon témoignage d'espérance, c'est que ma rencontre a eu lieu avec Jésus Christ. Je donne un témoignage qui montre, forte et fidèle, l'étonnante liberté de Dieu. Mais croyez-moi, la sainte Vierge tient une grande place dans ma vie. Dans mon cœur. Elle est indissociable de Jésus.

Au matin de ma conversion, mon copain Bulle m'a fait remettre un chapelet. Je ne connaissais rien des prières qu'il fallait dire avec. Je savais par ce copain que ce chapelet servait à prier la maman de Jésus, Marie, la sainte Vierge. Quand j'ai ouvert ma Bible pour la première fois, j'ai lu le passage des noces de Cana. C'est elle qui me parla la première. Elle a dit à ceux qui étaient là :

– Faites tout ce qu'il vous dira.

Elle m'a donné de comprendre qu'en écoutant et en suivant Jésus Christ on est sûr de faire ce qui plaît à Dieu. Quand j'ai ouvert ce livre pour la dernière fois avant ma grande rencontre, j'ai lu la crucifixion de Jésus. Quand il a été arrêté comme un malfaiteur, quand on l'a condamné à mourir sur la croix, Marie était là, près de lui. Elle se tenait debout au pied de la croix. En lui confiant Jean, Jésus nous a confiés à Marie.

C'est nous tous, en même temps, qu'il va lui donner pour enfants. Elle devient désormais devant lui la mère responsable. Cela signifie qu'il lui promet, si nous n'y mettons pas d'obstacle, d'exaucer, comme naguère aux noces de Cana, la prière qu'elle lui adresse pour nous. Marie est notre espérance, parce qu'elle a connu toutes les souffrances de notre pauvre humanité. Parce qu'elle est vraiment notre mère. Et nous comptons sur elle comme un enfant compte sur sa mère. Jésus lui-même, cloué sur la croix, nous a confiés à Marie par ces paroles :

– Voici ta mère.

C'est lui qui nous la donne pour Maman. Là, dans ma cellule, voilà son testament pour moi : c'est de la croix où coule ton sang et de laquelle tu m'invites à m'approcher que j'ai entendu tout tremblant venir ces mots :

– Voici ta mère.

Mon visage reste tourné vers cette croix où m'attire tant de douceur. Où il y a aussi tant de douleurs. Là, à genoux, ce chapelet entre les doigts, la seule prière que je fais en l'égrenant, c'est : « Maman, je t'aime. Maman, je t'aime. » C'est le cri du petit enfant : Maman ! Mais aussi la seule prière que je connaissais. Ce mot « maman » qui renferme tous nos espoirs et toute notre tendresse. Quand un enfant implore un cœur maternel, Dieu l'entend et répond toujours à sa demande.

Désormais, lorsque je suis dans la détresse, dans le désespoir, j'écoute la voix du Christ et je me sens soudain près de sa croix, près de sa mère qui est devenue la mienne. Chacun de nous découvrira comment il doit se plonger et plonger ses frères et sœurs spirituellement dans le sein virginal de Marie, où cette maman, mère des douleurs, enfantera à nouveau dans l'Église, selon la parole de Jésus à Nicodème :

– Il faut naître à nouveau.

Mais comment un homme peut-il revenir dans le sein de sa mère ? En vivant en Marie immaculée. Rendu Eucharistie par le sacerdoce de Jésus. Confié à ses apôtres, à ses disciples et à l'Église. La sainte Vierge est un globe d'amour. Nous y sommes tous, envahis par l'amour infini de Dieu. Chacun s'efforcera d'amener le frère, la sœur, à être un cœur uni avec lui. Par Marie, par Jésus. En Dieu.

Le visage de Jésus

« A quoi ressemblait Jésus lorsque vous l'avez vu dans votre cellule ? Vous a-t-il été possible de le toucher ? »

« Avez-vous vu le visage de Jésus ? Si oui, ressemblait-il au visage qui est sur le linceul de Turin ? »

« Pouvez-vous nous décrire la voix de Jésus ? Comment était son visage ? »

« J'ai du mal à vous croire. Avez-vous ouvert les yeux pendant son apparition ou bien était-ce à l'intérieur de votre esprit que vous l'imaginiez ? »

« Est-ce que vous avez réellement vu la lumière dans votre cellule ? Quel était ce Ciel ? »

Il me sera sans doute bien difficile d'expliquer un chef-d'œuvre. Aucune parole ne pourra exprimer pleinement tant d'amour, tant de beauté et de bonté. J'ai été emporté et ravi avant toute chose. Dans la lumière qui a illuminé ma cellule, j'ai identifié soudain le mystérieux visage de la beauté : Jésus Christ.

Dans un coucher de soleil, il y a des couleurs que même un bon peintre ne peut rendre pleinement. Seul Dieu en est l'artiste. Il est parfois bien difficile d'expliquer le visage du Christ. Les mots sont trop pauvres pour cela. J'ai été emporté et ravi avant toute réflexion et dans cette lumière parfaite, à la place des barreaux, le ciel tout entier est entré et m'a pénétré de cette lumière. Une grande joie s'est levée en moi. J'ai pu identifier le visage de la beauté, de l'amour, de la bonté, de la vérité et de la miséricorde.

Jésus, vêtu d'une blancheur immaculée, éclatante, m'a montré ses plaies aux mains, ses plaies aux pieds et sa plaie au côté. J'ajouterai : plaies non pas à l'intérieur des mains mais aux poignets, c'est là une vérité que mon bon père Paul Laïzé voulait que je précise. Sa voix était ferme et douce. J'ai eu la vérité dans toute sa luminosité. Il fit mon âme à son image. Mon regard reste fixé sur la lumière qui me guide. Lumière de vie en la transparence d'un être où le divin visage resplendit.

Le Seigneur est venu se donner à moi pour donner à ma vie sa pleine dimension. J'étais terre aride qui avait soif de la rosée du ciel. C'est une immense douceur de nous perdre en la lumière qu'il diffuse en nous. Il me faut ajouter que le visage du Christ, c'est le visage de tous nos frères et sœurs du monde entier. Quand Dieu prit cette poignée de poussière, poussière de toutes les couleurs, il créa l'homme à son image en nous accordant le droit de devenir ses fils. Le Seigneur dit à chacun de nous :

– Je suis respectueux de ta liberté humaine mais fais attention à moi. Regarde-moi sur la croix. Tout en sang. Je montre mes plaies et j'attends. Je t'attends, tous les jours, à toute heure. Ne déçois pas mon attente. Mon amour n'est jamais à court. Il a mille visages. Ma lumière illumine les hommes. Il se fera en toi une absorption de mes rayons divins. Ceux qui t'approcheront subiront à leur insu leurs reflets. Il y a des âmes qui en profiteront.

La volonté de Dieu, c'est que nous soyons tous rassemblés en Christ. Il nous a aimés comme on n'a jamais aimé. Dieu Amour nous a livré son fils pour nous faire vivre et nous apprendre à vivre. « Dieu nous appelle à la communion de son Fils le Christ notre Seigneur » (1 Colossiens 1,9). Nous sommes tous appelés à appartenir au Christ. Nous sommes tous faits pour lui. Pour être les membres de son corps. C'est en lui que tout être se réalise. Il devient alors le visage du Christ. Le visage du Christ, c'est ton propre visage. Le visage de tous les hommes. « Tu es à nous et nous sommes à toi. »

Une seule consigne

« Qu'est-ce qui vous semble le plus important à dire aux jeunes aujourd'hui ? »

La totalité de ce livre est une réponse à votre question. Pour terminer, je n'ajouterai que quelques mots.

Jeunes du troisième millénaire, l'amour vous appartient. Vous êtes les distributeurs d'amour pour un monde d'amour. Un puits d'amour pour y puiser l'amour. Soyez des diffuseurs de paix, de partage, de réconciliation, de pardon, d'unité, de non-violence. Vous êtes les apôtres de demain. C'est vous qui ferez la société où vous vivrez.

Et vous la ferez mieux que ne l'ont faite les anciens car, lorsque je me retourne, je ne suis pas fier de ce que j'ai fait ni de ce que nous ont légué nos anciens. Je suis sûr que vous la ferez avec plus de partage et d'amour, de paix et de justice. Par vous, l'humanité pourra gueuler le nom de Jésus Christ. Le paradis deviendra accessible à tous.

En chemin, n'oubliez pas la parole du Seigneur : « Je me révélerai à tous les hommes ». A vous le travail, apôtres du troisième millénaire. Parlez du Christ avec amour, ardeur, ferveur et conviction. Vous êtes l'Église de demain. Vous avez un rôle important à jouer pour que le monde soit une famille humaine avec tout ce que cela comporte de décence et de respect de l'homme. Avec toute son humanité. Tout le cœur. C'est l'amour que l'on donne qui est Dieu. Un seul cœur, un seul peuple.

Apôtres du troisième millénaire, soyez les petites étincelles qui permettront d'allumer un grand feu. Préparez la venue du Seigneur, car viendra le moment où Dieu devra séparer l'ivraie du bon grain. Encore un peu et tout s'accomplira car sa parole demeure et ce qui doit passer passera.

Dans l'attente de ce grand et beau jour, restons avec lui dans le tabernacle de l'amour. « Jésus viendra et ce sera la vie éternelle. »

Apôtres du troisième millénaire, soyez le tabernacle de la paix pour tous et que par vous les armes du monde entier se taisent afin que l'on entende parler l'amour de Jésus Christ. Semez l'amour pour récolter l'amour. Semez pour que Dieu puisse récolter avec abondance. Répandez-vous dans le monde entier afin que l'on connaisse Jésus Christ.

Alors, par vous, Dieu pourra reprendre possession de sa terre pour une éternité d'amour. Soyez les bâtisseurs de la paix entre les hommes du monde entier. Le Seigneur ne vous donne qu'une seule consigne :

– Comme moi je vous ai aimés, aimez-vous les uns les autres.

Apôtres du troisième millénaire, vous êtes le levain de toute la pâte humaine pour un monde nouveau. Ne laissez pas Dieu agoniser dans le corps de l'homme. Prêchez l'amour de Jésus Christ.

En terminant ce livre, je fais cet acte de foi, d'espérance et de charité :

Mon Dieu, je crois, j'ai foi, j'espère, j'ai confiance, je t'aime.

Gloire à toi, Seigneur.

Là où tu es, là est le ciel.

TABLE DES MATIÈRES

DANS LA MÊME COLLECTION

La collection « Jeunes » a pour but de présenter de courts ouvrages de spiritualité chrétienne destinés aux jeunes et écrits par des auteurs qui ont l'habitude de dialoguer avec eux.

1. André Levet, RÉPONSES AUX JEUNES DU TROISÈME MILLÉNAIRE.

2. Paul Schruers, CHRÉTIEN DE LA TÊTE AUX PIEDS

CET OUVRAGE
A ÉTÉ REPRODUIT
ET ACHEVÉ D'IMPRIMER
PAR L'IMPRIMERIE FLOCH
À MAYENNE EN AVRIL 1996
POUR LE COMPTE DES
ÉDITIONS NOUVELLE CITÉ
37, AVENUE DE LA MARNE
92120 MONTROUGE

PREMIÈRE ÉDITION

ISBN 2-85313-290-0
N° d'impr. 39452.
D. L. : avril 1996.
(Imprimé en France)